7년차 싱글맘의 당당하고 슬기로운 현실 조언

싱글맘 독립백서

초판1쇄 2024년 3월 5일 **지은이** 비채 **펴낸이** 한효정 **편집교정** 김정민 **기획** 박화목 **디자인**
purple **표지내지일러스트** freepik **마케팅** 안수경 **펴낸곳** 도서출판 푸른향기 **출판등록** 2004년
9월 16일 제 320-2004-54호 **주소** 서울 영등포구 선유로 43가길 24 104-1002 (07210) **이메일**
prunbook@naver.com **전화번호** 02-2671-5663 **팩스** 02-2671-5662
홈페이지 prunbook.com | facebook.com/prunbook | instagram.com/prunbook

ISBN 978-89-6782-210-1 03910
ⓒ 비채, 2024, Printed in Korea

※ 본문에 쓰인 이름은 모두 가명임을 밝힙니다.

7년차 싱글맘의 당당하고 슬기로운 현실 조언

싱글맘 독립백서

비채 지음

푸른향기
Prunbook Publishing Co.

두려움과 불안으로 잠 못 이루는 싱글맘을 위한 현실 조언

이혼의 기로에 서 있을 때 나는 외국에서 휴대폰 없이 길을 잃은 것과 같았다. 낯설었고, 말이 통하지 않았고, 올바른 방향을 찾을 수도 없었다. 혼자였고 무서웠고 두려웠다. 아이가 잠든 고요한 밤이 되면 매일 인터넷 창에서 '이혼'과 '싱글맘' 키워드를 검색해 올라오는 글들을 모두 보았다. 하지만 알고 싶었던 이혼녀의 삶, 싱글맘의 현실은 그 속에 없었다. 이혼자의 현실을 알고 대비를 하고 싶었지만, 인터넷 속에는 진실이 없어 보였다. 내 앞에 무엇이 기다리고 있는지 알 수 없어 두려움에 떨면서도 살고 싶어 이혼을 선택했다.

이혼만 하면 다일 줄 알았다. 하지만 이혼 후에는 선택해야 할 것들이 더 많았다. 그 선택이 이혼만큼 인생을 뒤바꿀 수 있는 것임을 뒤늦게야 알았다. 나의 선택으로 나와 아이의 삶이 결정된다 생각하니 혼란스러웠고 불안했다. 이혼할 때보다 더 무서웠다. 이 선택이 잘못되었다면, 오로지 내 책임이 될 것이기 때문이다.

외나무다리를 건너는 것마냥 아슬아슬한 선택을 하는 순간이면 누군가에게 기대고 싶었다. 나와 같은 선택을 하고 그 시기를 지나온 사람에게 이야기를 들을 수 있다면 도움이 될 것 같았다. 하지만 주변에는 그런 사람이 없었다. 책을 통해서 배우고 싶었지만, 책에서는 나보다 더 힘든 싱글맘들의 이야기가 대부분이었다. 그들의 이야기를 들으면 나도 그들처럼 될 거 같아 우울해지기도 했다. 그런 혼란의 과정에서 내린 결정들은 실패한 것도 성공한 것도 있다.

남편의 외도를 발견했을 때에도, 이혼을 선택했을 때에도 솔직하게 조언해 줄 멘토가 필요했다. 이혼 후 혼자 가정을 꾸릴 때, 집을 구입할 때, 투자 공부를 시작할 때도 마찬가지였다. 세상에는 수많은 멘토가 있었지만, 두려움과 불안으로 잠 못 이루는 싱글맘에게 도움을 줄 멘토는 없었다. 나에게 현실적인 싱글맘의 삶을 알려줄 사람이나 책이 있었다면, 삶이 조금은 더 수월하지 않았을까 하고 생각했다.

그때 다른 선택을 했다면, 시행착오를 겪지 않았다면, 조금 더 편한 삶을 살았을 것이다. 물론 사람이 실수할 수 있고 실패할 수 있다. 하지만 싱글맘으로서 세상에 첫발을 내디뎠을 때 실수를 최소화할 수만 있다면, 세상은 덜 외롭지 않을까?

싱글맘의 타이틀을 달고 세상에 나오면, 괴롭히는 사람이 없더라도 춥고 외롭다. 나도 그랬다. 맨몸으로 눈보라 속에 던져진 기분이었다. 이혼의 기로에서 추웠던 그때를 기억하며, 나와 같은 처지의 다른 분들은 실수하지 않기를, 위로받기를, 그리고 조금 더 따뜻하게 싱글맘으로서 첫발을 떼기를 바라는 마음으로 이 글을 썼다.

나는 사회적으로 성공한 사람은 아니다. 그저 지극히 평범한 대한민국의 워킹맘이다. 그래서 싱글맘과 미래의 싱글맘들에게 가장 현실적인 조언을 해줄 수 있다. 싱글맘에게는 성공한 사람의 조언이 아닌 지극히 평범한 나 같은 사람이 필요하리라 생각한다.

결혼과 이혼의 갈림길에서 울고 있는, 미래에 대한 막막함과 두려움으로 불안해하는 그 한 사람에게 도움이 되는 책이 되길 바란다.

Contents

Chapter
1

어쩌다 싱글맘이 되었습니다

Chapter 2

혼자가 된다고 해서 홀로 설 수 있다는 건 아니다

Chapter 3

으라차차 내 인생, 잘사는 방법을 찾다

Chapter 1

어쩌다 싱글맘이 되었습니다

커피프린스의 공유인 줄 알았던 그 사람

나의 연애와 결혼 과정을 들은 사람들은 이렇게 이야기하고는 했다.

"이거 커피프린스 1호점 이야기 같은데?"

드라마 「커피프린스 1호점」을 아시는가? 공유와 윤은혜가 출연하여 많은 사랑을 받은 로맨틱코미디 드라마다. 같은 드라마를 여러 번보지 않는 나도 「커피프린스 1호점」의 경우 무려 세 번이나 다시 보았다. 그만큼 애정하는 드라마다. 「커피프린스 1호점」 이후 공유가 내 이상형이 되었다. 공유가 맡은 최한결 역은 큰 키, 뚜렷한 이목구비, 멋진 패션과 여심을 녹이는 멜로 눈빛을 가진 캐릭터다. 당시 나같이 공유를 이상형으로 뽑은 사람들이 많았다. 이 드라마 이후 공유는 지금까지 커피 브랜드 카누의 광고모델로 활동하고 있다.

내 연애와 결혼 이야기가 마치 「커피프린스 1호점」 같다는 이야기를 들으면 드라마의 여주인공이 된 것만 같았다. 드라마 속 주인공처럼 오랫동안 행복하게 잘 살았다고 결혼생활이 해피엔딩으로 마무리되길 꿈꿨다.

그 사람을 만났던 때는 20대 중반, 사회초년생 시절이다. 엄마는 건강이 좋지 않아 나를 하루라도 빨리 결혼시키고 싶어 했다. 결혼정보회사에도 가입시키고, 주변 사람이 소개팅을 주선하기도 했다. 다양한 사람을 만나보고 맞는 상대방을 골라 일찍 결혼해야 한다는 압박감이 심했다. 엄마는 부모님이 일찍 돌아가셨던지라 본인의 건강에 대해 자신이 없으셨고, 본인이 죽기 전 딸을 결혼시켜야겠다는 생각을 하셨다. 서른이 되기 전 결혼하려면 20대 중반에 만나 2~3년 정도 연애하고 결혼해야 한다고 채근했다.

엄마의 기대에 부응해 주말마다 여러 사람을 만났다. 나는 모든 이성이 호감을 가질 대중적인 인기녀가 결코 아님에도 20대 중반에는 연애운이 많았다. 나이가 어렸던 것이 큰 장점이었을 것이다. 결혼을 전제로 만나고 싶다는 사람이 같은 시기에 세 명이 있었다. 레지던트를 앞두고 있던 의사, 외국계 회사에 다니던 회사원, 그리고 개인사업을 하던 전남편이었다.

편의상 그들을 의사(A), 회사원(B), 개인사업(그)라고 부르겠다. 피부가 무척 좋아서 멀리서도 광이 나던 의사 선생님 A는 차분하고 조용한 성향이었고, 정말 재미가 없었다. '공부만 한 사람은 이렇게도 재미가 없을 수 있구나'라고 생각했다. A는 나와 있으면 즐겁고 편안하다며 계속 만나면 좋겠다고 했다. A에게 이성적인 매력을 느낄 수 없어 거절했다. 세상 때가 많이 묻은 지금은 "의사 선생님이라니 감사합니다. 땡큐!" 하고 이성적인 매력의 부재를 극복했을 것 같다. 그때는 어렸고, 20대 중반 사회초년생은 세상을 너무 몰랐다.

외국계 대기업에 다니던 B는 결혼정보회사에서 만났다. B의 장점은 평범하고 화목한 가정에서 자란 것이었다. 아빠가 B의 직장과 관련된 직종에서 근무하셔서 B의 평판을 알 수 있었다. 여러 사람에게 좋은 평판을 가졌던 B를 부모님은 마음에 든다고 하셨다. B와 나누었던 이야기들은 즐거웠지만, 역시나 이성적인 끌림이 없었다.

반면 그는 지역 내 가장 맛있다고 유명한 개인 커피숍을 운영하고 있었다. 직장동료의 소개로 방문했던 그의 커피숍은 늘 손님으로 가득했다. 나는 퇴근 후 커피 한잔과 함께 책을 읽는 것을 좋아해 그의 커피숍을 자주 찾았다.

사교적인 성향의 그는 적극적으로 다가왔다. 커피를 좋아하는 나와 친구에게 커피 클래스를 별도로 해주기도 하고, 쿠키나 다과를 자주 주었다. 키가 크고 쾌활하며 다정한 성격에 늘 웃는 모습이었다. 현실판 「커피프린스 1호점」의 공유였다! 가랑비에 젖어가듯 유대감이 쌓였고, 그의 고백을 받았다. 그와 사귀는 동안 재미없는 똑똑이 A와 노매력 B의 연락이 있었지만, 정중하게 거절했다. 지금은 지난날의 선택이 아쉽다. 지난날을 생각해보면 나는 외모를 무척이나 따지는 사람이었던 것이다.

그는 부모님이 하시는 일이나 본인의 수입 등을 공개하고, 앞으로의 비전을 이야기해주었다. 본인이 좋아했던 일들, 꿈꾸던 이성 타입, 그리고 현재 관심사를 꼼꼼하게 공유해 주었다. 발이 땅에 닿지 않게끔 공주처럼 대한다는 것이 이런 거구나 하는 생각이 들 정도로 나를 소중하게 대해주었다. 무엇보다 긍정적이고 적극적인 성격이 마음에 들었다. 그의 밝고 다정한 에너지를 보고 있으면 기분이 좋아졌다. 그렇게 그와 연애를 시작했다.

나는 전형적인 집순이 성향에 정적인 활동을 좋아한다. 하루 종일 집에 있더라도 심심하지 않았다. 반면 그는 전형적인 외향인이었다. 여러 사람을 만나는 것을 좋아하고, 집에 있는 것을 힘들어했다. 우리나라 어디든 가보지 않은 곳이 없었고, 사람을 통해서 에너지를 얻는 타입이었다. 나는 혼자 있는 시간을 좋아하고, 그 시간이 꼭 필요한 사람이다. 혼자 일기를 쓰거나, 책을 읽거나, 연습을 하는 것이 꼭 필요했다. 반면 그는 짧은 시간이라도 모든 것을 같이 하고 싶어 했다. 같이 하는 활동, 같이 시간을 나누는 것을 좋아했고, 집 앞 편의점마저도 함께 가고 싶어 했다. 나는 이성적이었고 발생한 일에 무던한 성향이었지만, 그는 감성적이고 눈물이 많았다. 나는 우리 가족과 친한 주위 사람의 마음에만 공감했지만, 그는 TV 속 모르는 사람의 아픔에도 크게 공감했다. 나는 상대방의 부탁을 거절하는 일이 비교적 어렵지 않았고, 그는 상대방의 부탁을 거절하지 못했다.

차갑고 똑 부러진 성향에 가까웠던 나는 따뜻하고 여린 마음을 동경했다. 그의 따뜻하고 다정한 성향이 좋았다. 그는 자유로운 가정

환경에서 성장했지만, 외로움을 많이 탔다. 반면 나는 화목하고 가족 중심의 가정에서 자라 가족끼리 돈독했고 모임도 많았다.우리 가족을 그는 참 많이 부러워했고, 본인도 그런 가정을 꾸리고 싶다고 이야기했다. 부모님께도 꽤 잘했다. 자신은 어떤 일이 있더라도 가정을 지키기 위해 노력할 것이라고 여러 차례 이야기했다. '내가 큰 잘못을 하더라도 이 사람은 나를 용서하고 가정을 유지하려고 노력하겠구나' 하는 마음이 들었다. '이 정도면 결혼해도 잘 살 수 있겠다'고 생각했다. 방임적이고 왕래가 뜸한 그의 집안 분위기도 오히려 결혼하고 나서 편하겠다고 판단했다.

이렇게 우리는 성향이 많이 다른 사람이었다. 내가 가지지 못한 것에 매력을 느꼈고, 서로 상호보완적인 성향을 지니고 있다고 생각했다. 상호보완적인 성향보다 기본적인 취향과 태도가 유사해야 건강한 관계가 된다는 이야기는 들었지만, 우리는 다를 것이라 믿었다. 신기하게도 그 당시에는 이 정도면 서로 잘 맞는다고 느꼈다. 특히 그는 "우리가 참 잘 맞는 거 같아. 이게 바로 천생연분이라고 하나봐" 하는 말을 여러 차례 하기도 했다. 눈에 콩깍지가 껴서 제대로 볼 수 없는 시기였던 것이다.

부모님은 연애 소식을 듣고 걱정을 많이 하셨다. 집안 성향도 너무 다르고, 그의 집은 사업체를 운영하기에 직장생활만 한 우리 집과 잘 맞지 않을 것이라고 하셨다. 경제적인 수준도 차이가 났다. 우리 부모님은 빚 없이 평범하게 지내셨고, 그의 부모님은 힘들게 업을 일군

대신 경제적으로 풍족했다. 연애할 때는 몰라도 경제력의 차이는 결국 결혼생활에서 주도권을 뺏기는 이유가 된다며 평범한 직장인을 만나 평범하게 살아가는 것이 제일 좋다고 말씀하셨다.

"잘생긴 사람은 인물값을 꼭 하기 마련인데, 괜찮을까?"

이모는 걱정하셨고 나는 웃으며 말했다.

"잘생기면 인물값하고 못생기면 꼴값(?)한다는데 꼴값(?)보다는 인물값이 낫지 않을까요?"

주변 사람의 걱정과는 달리 그는 나에게 굉장히 잘했고, 모든 것을 수용적으로 대했다. 사교적인 성향의 그는 우리 부모님에게도 살갑게 다가갔고, 엄마의 직장이나 아빠의 직장을 몰래 찾아가서 용돈을 드리고 오기도 했다. 이런 모습을 지켜본 부모님께서는 나의 성향을 그가 보완하여 잘 살아갈 수 있겠다는 생각이 드셨다고 한다. 부모의 노후를 책임져야 하는 삶보다 여유 있고 풍족하게 사는 삶이 낫다는 생각도 하셨다 했다.

10여 년 전 나는 똑똑하다고 생각했지만, 그저 잘생긴 얼굴을 좋아하는 헛똑똑이였다. 이혼녀가 된 후로도 나는 여전히 잘생기고, 쾌활하고, 사교적인 사람에게 많은 매력을 느낀다. 취향이 바뀌기는 어려운가 보다. 하지만 이제는 감당할 수 있는 수준이 무엇인지, 우선순위로 두어야 하는 것이 무엇인지 안다. 지금의 나는 더 객관적으로 나를 바라보고, 진정으로 원하는 부분이 무엇인지 안다. 나에게 「커피프린스 1호점」의 공유는 더 이상 이상형이 아니다.

신중한 결혼이라고 생각한 건 내 착각이었다

육각형 배우자라는 말을 들어보았는가? 요즘 결혼 적령기의 MZ 세대들은 육각형 배우자를 원한다고 한다. 육각형 배우자의 조건은 아래와 같다.

	육각형 남자	육각형 여자
1	175cm 이상의 키 뚱뚱하거나 마르지 않는 체격	164cm 이상의 키 날씬한 체형
2	잘생기진 않아도 호감형 외모	호감형 외모
3	모나지 않고 둥근 성격	피곤하지 않은 둥근 성격
4	대기업, 공기업, 공무원 등 안정적인 직업	대기업, 공기업, 공무원 등 안정적인 직업
5	4년제 인서울, 지거국 등 학력	4년제 인서울, 지거국 등 학력
6	부모지원 포함 2~3억대 자산	부모지원 포함 1~3억대 자산
7	화목하고 노후 대비된 집안	화목하고 노후 대비된 집안
8	종교, 흡연	경제관념, 종교, 흡연

위 8가지의 조건 중 6가지 이상을 만족하는 사람을 육각형 배우자라고 한다. 표를 보고 있으면 머리가 아득해지는 것 같다. 하나가 특출난 것이 아니라 두루두루 모든 조건에서 평균 이상을 가져야 한다. 이는 결혼정보회사에서 배우자를 찾을 때 선호하는 조건이다. MZ세대가 육각형 배우자를 원하기에 결혼율이 낮은 것 아닐까? 생각보다 모든 것을 갖춘 사람은 많지 않다. 상대방도 그렇고 나도 그렇다. 나는 몇 가지의 조건을 충족하고 있는지 찾아보는 것도 꽤 재미있다.

내가 결혼 적령기에 이르렀을 때 중요하게 생각했던 조건은 세 가지였다. 나를 많이 사랑하는 사람, 둥글둥글한 성격, 생활고에 시달리지 않을 경제적인 능력이었다. '사랑하지 않고 조건만 보고 결혼한다는 것은 너무 계산적이지 않나? 그런 삶이 행복하다고 할 수 없어'라는 나만의 로망이 있었다. 가족 분위기가 화목하고 엄마에게 모든 것을 져주는 아빠를 보며 '역시 남자는 저런 성격이 좋아'라고 생각했다. IMF시대를 겪은 엄마는 "무엇보다 경제력이 강해야 한다"고 하셨다. 교사로 3년 일하시다 사기업으로 전직하셨던 아빠는 "공무원이나 교사인 남자들은 아무래도 금전적으로 인색한 면이 있어서 별로야"라는 이야기를 자주 했다. 그래서 머릿속에 돈 없는 남편과 공무원과 교사 남편은 상상할 수 없었다. 부모님의 말씀이 결혼 상대를 정하는 데 많은 영향을 미쳤던 것이다.

그는 나를 많이 사랑하는 사람이었고, 둥글둥글 모나지 않아서 늘 웃고 다니며 친구가 많았다. 본인이 하던 커피숍도 잘되었고, 부모님이 운영하는 사업체도 규모가 있었다. 무엇을 하든 사업적인 센스가 있어 가족을 고생시키지 않을 것 같았다. 중요하게 생각했던 세가지를 모두 충족했다. 그의 부모님으로 인해 결혼생활에 트러블이 있을 것 같지도 않았다. 시부모님은 사업으로 무척 바쁘셨고, 그를 방임하듯 키우셨기에 '우리 가정에 집착하지 않으실 거야'라고 생각했다. 그렇게 결심한 결혼은 시부모님께서 10분 거리 신축아파트를 전액 현금으로 사주고, 결혼식 관련 부대비용을 모두 부담해 주시는 것으로 시작했다. 결혼식은 하객이 많아 친구들 사진은 세 번에 걸쳐 찍어야 했고, 준비한 음식이 부족해 오후에 예정된 돌잔치 음식까지 당겨서 마련되었다. 모두가 부러워하는 결혼이었다.

결혼 후 바로 아이가 생겼다. 그는 기존에 하던 커피숍을 양도하고 시부모님께 일을 배우기 시작했다. 그러자 시부모님의 태도가 미묘하게 바뀌었다. 그는 집에서 쉬고 있다가도 전화 한 통이면 당장 달려 나가야 했다. 나는 출산 예정일 3주 전까지 일을 하다 휴직했고, 그는 여전히 5분대기조로 부모님과 함께 일을 했다. 아이가 태어나고 시부모님은 아이는 봐주지 못한다고 했다. 서운했지만 시부모님이 바쁘신 것을 알고 있었기에 괜찮았다. 출산 후에도 그는 부모님의 5분대기조였다. 아이가 아프더라도 아이의 병원을 같이 가기보다 시어머니의 쇼핑에 동행해야 했다. 시부모님은 그의 고용주였기에 더욱더 영향력이 커져갔다. 그가 시부모님의 업을 물려받기 시작하면서 부모님께 독립하기는커녕 오히려 더 한 몸으로 변했다.

하지만 그가 일찍 퇴근하는 날은 집안일을 도맡아 하고, 육아에 지친 나에게 혼자만의 시간을 마련해주기도 했다. 아기띠로 아이를 안고 아침을 준비해주기도 하고, 배우고 있던 것들을 수강하라고 먼 곳으로 데려다주고 아이를 혼자 케어하기도 했다. 사람을 좋아하는 그는 아이가 잠들고 난 후 친구들을 만나 스트레스를 풀었다. 매일 짧게라도 누군가를 만났던 것 같다. 내 친구들은 그의 모습을 보고 참 가정적이라고 칭찬했다. 친구들의 남편은 퇴근 후 소파에 누워있는 경우가 많았기 때문이다.

시부모님은 손자가 태어나자 더욱더 달라졌다. 그를 통해 아이를 데리고 오라거나 이틀에 한 번 안부 전화도 요구했다. 처음 해보는 육아만으로 하루가 벅찼던 나는 시부모님의 요구를 이해할 수 없었다. 하지만 부모님으로부터 급여를 받아 생활하고, 부모님께 경제적으로 매여 있던 그의 생각은 달랐다. 부모님의 요구를 수용해야 한다고 말했다. 방임적이었던 시댁은 어느새 아이를 돌보아 주지 않지만 아이를 보아야 하고, 주기적인 며느리의 전화 통화는 원했다. 일 년에 9번 제사를 지내며 200포기 김장도 함께 해야 했다. 입덧을 할 때도, 만삭일 때도, 아이가 갓난쟁이일 때도, 전을 부치고 김장을 도왔다. 요즘 세상에 무슨 그런 경우가 있냐고 생각될 수도 있을 것 같다. 바보 같지만 시부모님이 주시는 급여로 생활했기에 거절할 수 없었고, 그도 시부모님의 요구를 커버할 수 없었다. 서운함이 쌓여 극에 달할 때면 시부모님은 금전적인 것으로 보상했다.

부부 사이만 보면 특별한 문제가 없었다. 단지 시부모님과 관련된 이슈로 의견 차이가 많았고, 대립하는 횟수가 잦아졌다. 설상가상 결혼한 지 일 년째 될 즈음 법원에서 우편물이 왔다. 알고 보니 외삼촌이 그의 명의로 사업을 하고 있었다. 외삼촌의 사업이 어려워지면서 여러 곳에 체납을 해, 그에게 경고장이 왔던 것이다. 그는 본인의 이름으로 대출을 일으키거나 신용카드를 만들 수 없게 되었다. 직장인이라면 생활을 뒤흔들 정도의 큰일이었겠지만, 부모님의 사업체에서 일하던 그에게는 큰 이슈가 아니었다. 결국 이 일은 이혼할 때까지 해결되지 않았다. 시모님과 관련된 이슈는 우리 부부 사이에 점점 틈을 벌리고 있었다.

그러다가 결정적인 사건이 벌어졌고, 결국은 이혼을 결정했다. 결과만 따지자면 내 선택이 잘못되었다. 그는 나를 많이 사랑하지도, 둥글둥글한 성격이지도 않았다. 그는 심리적인 여유가 있었을 때 나를 많이 사랑했고 모나지 않은 성격으로 보였을 뿐이다. 경제적인 부분은 시부모님과 엮여 오히려 나를 괴롭혔다. 안정적인 대기업, 공무원, 공기업을 선호하는 이유는 최소한 그들이 부모로부터 독립해서 살 수 있는 사람이기 때문이라는 것을 뒤늦게 알았다. 많은 사람이 선호하는 것에는 이유가 있었다.

흔히 이야기하는 것처럼 연애와 결혼은 달랐다. 연애에는 사랑이 가장 중요했지만, 결혼에는 신뢰가 더 중요했고, 장점보다는 단점이 없는 것이 좋았다. 나와 달라 매력적으로 보였던 부분은 결혼 후 단점으로 바뀌었다. 고리타분하지만 어른들이 말하는 이유에는 틀림이 없었다.

결혼은 자신의 인생을 송두리째 바꾸는 가장 큰 선택이다. 연애 감정에 취해서, 정에 이끌려서, 아니면 다른 사람들의 푸시로 결혼을 선택하면 안 되는 것이었다. 신중하게 선택하고 결정해야 했다. 나의 패착은 내 선택이 무조건 옳을 것이라고 믿었던 자신감이었다. 결혼을 선택했던 시기에 육각형 배우자에 대한 조건을 알고 있었다면 달랐을까? 지금 MZ들이 말하는 기준으로 따지면, 전남편은 사각형 남자고 나는 육각형 여자다. 결혼에 실패한 내가 보기에 육각형 남자만을 원한다면 결혼이 쉽지 않은 것은 당연하지만, 육각형에 얼마나 해당하는지는 따져봐야 결혼생활에 후회가 적을 것이다. 육각형은 결국 부모로부터 독립하여 자신의 가정을 이루며 잘 살 수 있는지 평균적으로 가늠할 수 있는 요소였다. 이미 결혼했다면 맞춰 가는 수밖에 없지만, 결혼 전이라면 상대방이 육각형에 얼마나 해당하는지 고려하는 게 현명한 것 같다.

부부의 세계 드라마를 찍다

드라마 「부부의 세계」를 보았는가? 이 드라마는 역대 최고의 불륜 드라마로 평가받는다.

"사랑에 빠진 게 죄는 아니잖아!"

남주인공 이태오가 여주인공 지선우에게 외친 대사는 「부부의 세계」 최고의 명대사로 꼽힌다. 드라마를 시청했던 유부녀들의 공분을 일으켰고, 여러 가지 버전의 패러디로 화제가 되었다. 사랑 자체는 죄가 아니지만, 결혼한 사람이 다른 사람과 사랑에 빠지는 것은 도덕적 지탄을 받는다. 대중에게 사랑받던 배우 김민희가 유부남인 홍상수 감독과 불륜관계가 알려지며 국내에서 활동을 하지 못하는 것처럼 말이다. 불륜은 먼 과거부터 현재에 이르기까지 오랫동안 비난받는 사유이다.

사랑에 대해 연구하는 심리학자 로버트 스턴버그는 '사랑은 열정, 친밀감, 헌신으로 이루어진다'고 했다. 열정은 상대에 대한 육체적인 욕망, 친밀감은 상대에 대한 정서적인 유대감, 헌신은 사랑을 지키기 위한 책임감을 말한다고 한다. 남주인공 이태오의 사랑은 과연 사랑이었을까? 드라마 「부부의 세계」는 대한민국 부부들의 가슴속에 과연 사랑이 무엇인지에 대한 많은 의문을 남겼다.

「커피프린스 1호점」의 주인공이던 나는 연이어 「부부의 세계」의 주인공이 되었다. 타인의 감정에 공감을 잘하고 친절했던 그는 다른 사람에게도 친절했다. 남녀를 가리지 않고 사건이 생겼을 때마다 발 벗고 일을 해결해주려고 했다. 약간 차가운 성향인 나는 그의 따뜻함이 좋았다. 결혼 후 그 장점이 치명적인 단점으로 돌아왔다. 그가 고등학교 동창과 바람이 난 것이다. 물론 따뜻한 성향을 가졌기 때문에 외도를 저지르지는 않았을 것이다. 그만 아는 것이나 다른 것들도 쌓여있었을 것이다. 단지 그에게는 로버트 스턴버그가 말했던 사랑의 세 가지 요건 중 사랑을 지키기 위한 책임감인 '헌신'이 부족했다. 나에게 헌신할 거 같아서 선택한 그 사람이, 가정을 지키기 위해 무엇이든 할 수 있다던 그가 사랑을 헌신짝처럼 버렸다.

나는 연애를 할 때도, 결혼 후에도 이렇게 말했다.

"다른 것은 다 참아도 폭력, 도박, 외도는 못 참아! 특히 바람은 무조건 이혼이야. 절대 바람피우지 말던지, 아니면 내가 모르게 피던지. 아는 이상 나는 절대 같이 못 살아."

그는 호언장담했다.

"에이 무슨 걱정이야. 당신이 사랑의 유통기한은 2년이라고 했지만, 내가 어디 변한 게 하나라도 있어? 나는 절대 안 그래."

하지만 영원한 사랑을 하객들 앞에서 약속한 지 만 3년도 되지 않아서 그의 불륜을 알게 되었다. "무조건 이혼이다"고 이야기했지만, 막상 현실이 되자 쉽게 선택할 수 없었다. 하루에도 몇 번씩 마음이 널뛰며 그를 용서하고 계속 살 때와 용서하지 못하고 이혼을 했을 때를 상상했다.

그의 불륜에 대해 배워야 했다. 누군가에게 기대고 싶었지만, 친정 식구에게 기댈 수 없었다. 가족에게 말한다면 다시 돌아오지 못할 길을 건넌다는 생각이 들었기 때문이다. 자존심이 상해 친구들에게도 이야기할 수 없었다. 절판된 책 『남자의 바람을 응징하라』(안동헌)라는 책을 읽고 저자가 운영하는 카페에 가입했다. 그리고 저자에게 유료상담을 받았다. 저자는 그가 외도를 하는 것이 맞는지 확인할 수 있는 여러 가지 팁들을 알려주었다. 상식상 저자와 상담을 하는 것이 아니라 변호사와 상담하는 것이 맞았지만, 32살의 나는 아무것도 몰랐다. 저자가 운영하는 다음카페에는 하루에도 몇십 개의 글이 올라왔다. 모두 배우자의 외도로 고통스러워했다. 나만 겪는 고통은 아니라는 생각에 위안이 되기도 하고, 함께 공분하기도 했다. 저자는 바람피운 남편들의 경우 모두 똑같은 패턴으로 흘러간다고 말했다. '우리 남편은 다를 거야' 하고 믿고 싶었지만, 정말 똑같은 패턴으로 흘러갔다. 미안하다며 무릎을 꿇고 울며 한순간의 잘못이라고 빌던 남편은 적반하장으로 나왔다.

"남자가 사회생활 하면서 한 번쯤은 바람 필 수도 있지. 이 정도로 일을 크게 키울 건 아니잖아?"

"나도 다른 남자 만나서 바람피우고 오면 똑같으니, 그걸로 서로 없었던 일처럼 하자."

"여자와 남자는 달라! 안돼!"

그는 헌신이 없는 전형적인 케이스였다. 심지어 내로남불(내가 하면 로맨스 남이 하면 불륜)형이었다. 아이가 어린이집을 간 틈에 그와 치열하게 다투었고, 아이가 하원하고 난 뒤에는 아무 일도 없었듯 폭풍전야의 시간을 보냈다. 심지어 한 식탁에서 식사하는 일도 잦았는데, 그때부터 신경 쓰일 만한 일이 생기면 잘 체한다. 이혼한 지 오래된 지금까지도 그렇다. 그의 외도가 준 신체적 반응이다.

드라마 「부부의 세계」에서 여주인공 지선우가 불륜녀를 응징하고 남편에게 응징했던 것처럼, 나도 그들을 응징하고 싶었다.

불륜 남녀를 응징하는 일은 남의 일일 경우에 사이다를 마시는 것처럼 시원했는데, 내 일이 되자 사이다를 가장한 목 막히고 답답한 고구마였다. 마음속으로는 수백 번 상간녀와 그의 이름을 쓴 플래카드를 걸고 세상 모두에게 폭로하고 싶었다. 상간녀의 머리채를 잡고 따귀를 올려붙이는 상상도 했다. 하지만 내 신상에 피해를 줄 행동은 할 수 없었다. 이혼하면 아이와 단둘이 살아야 하고, 잠깐의 후련함으로 감당해야 하는 여파가 크기 때문이다.

어떤 식으로 응징하든 그들의 불륜 앞에 나는 패자였다. 깨어진 그

릇은 되돌릴 수 없다는 그 식상한 말이 나에게는 무거운 현실이었다. 울고 떼쓴다고 변하는 것이 아니었다. 노력해도 되돌릴 수 없는 일이라면 포기하고 할 수 있는 일을 찾아야 했다. 어떻게 해도 삶을 보상받을 수 없었다. 밤새 잠을 이룰 수도 없었고, 먹을 수도 없었다. 아이가 어린이집에 가 있는 순간부터 시작되는 눈물은 아이가 하원하고 돌아올 때까지 계속됐다. 웃는 아이를 보면 잊고 용서하자 싶었다가, 밤이 되면 깨져버린 사랑의 허망함에 어찌할 바를 몰랐다. 나도 모르게 베란다 창문을 열고 멍하니 서 있는 날도 생겼다. 평소 아이를 두고 극단적인 선택을 한 사람들을 보며 '아이를 두고 자살이라니, 아이가 밟혀서 어떻게 세상을 떠났을까?' 하고 생각했는데 이해가 되었다.

그의 불륜으로 파생되는 여러 일을 해결하는 동안 너무 지쳤고, 우울감이 극에 달했을 때 '죽어서 편해지는 것도 괜찮겠다'라는 생각도 들었다. 불현듯 그를 용서하고 함께 살아가야 한다면, 마음의 병을 얻어 죽을 것이라는 확신이 생겼다. 이혼을 해야 했다.

"남자 바람은 다 돌아온다 하는데, 한번은 봐주지 그랬어?"

"받아줄 사람이 있어야 돌아오지. 나는 받아줄 수가 없어."

"그래도 혼자 키우는 것보다 아이 아빠랑 함께 키우는 게 낫지 않아? 하숙생처럼 생각하고 돈만 받으면 되지."

"나는 한 지붕 아래 남편과 같이 살지 못하겠어. 상상만으로도 끔찍해. 내 이름을 부르거나 아이에게 살가운 아빠인 척하면 미쳐버릴

지도 몰라. 돈은 내가 벌면 돼. 넉넉하지 않더라도 설마 아이 하나 못 키우겠어?"

이것이 남편이 저지른 한 번의 외도로 이혼을 선택한 이유다. 이미 벌어진 일이나 지나간 일에 더 이상 삶을 허비하고 싶지 않았다. 앞으로 잘 살아나갈 생각만 하고 싶었다. 그와 함께하는 삶은 상상할 수 없었다. 벌어진 일들에 나를 소모하는 것이 아니라, 과감하게 버려야 한 걸음 나아갈 수 있었다. 그것은 이혼을 선택한 때에도, 지금도 같은 생각이다.

서로 다른 두 사람이 만나 새로운 가정환경에 적응하고 서로에게 맞추기 위해서 진통이 큰 것은 당연하다. 그 진통을 이겨내고 모든 가정이 화목하고 행복했으면 좋겠지만 이혼을 선택할 수밖에 없다면, 지나간 일들은 훌훌 털어 버리고 앞을 보고 살아갔으면 한다. 이혼에 이르게 했던 모든 것으로부터 자신을 지켰으면 좋겠다. 이 세상에 내가 없으면 아무것도 남는 것이 없다. 내가 온전해야 아이도 있고 미래도 있다.

누군가는 내 이혼 과정을 보고 지옥 같았던 시간이었겠다고 이야기했다. 하지만 지옥 같지 않았다. 마음의 큰 상처는 시간이 지나니 아물었고, 불행이 마음을 더 튼튼하게 했다. 막장드라마 같았던 결혼생활이 남긴 것은 폐허만이 아니었다. 나는 앞으로 로맨틱코미디, 멜로드라마를 찍어볼 생각이다. 사랑에 상처 입었지만, 사랑은 죄가 아니기 때문이다.

남부끄러워서 안 되는 이혼?

"내 딸 힘들게 하면 가만히 못 있지! 어디 감히! 내가 얼마나 애지중지하며 키웠는데, 혼구멍을 내줘야지."

엄마는 입버릇처럼 말했다. 직장생활에 어려움을 토로하면 엄마는 아이를 쫓아다니며 보호하는 헬리콥터 맘처럼 당장 회사로 출동해 직장 상사에게도 따져줄 것 같았다.

"남의 새끼 눈에 피눈물 나도, 내 새끼 눈에 피눈물 나는 건 나는 못 참는다."

이것이 우리 친정엄마의 신조였다. "내가 알아서 잘할 텐데 굳이 그럴 필요 있어?"라고 말했지만 내심 든든했다. 어디에서든 내 편일 것만 같은, 심지어 내가 잘못한 순간에도 나의 편일 것 같은 엄마였다. 우리가 기대하는 친정엄마라는 존재는 그렇지 않은가? 어떤 일이 있더라도 내 편일 것만 같은 사람이 바로 친정엄마다.

그의 외도로 인생에서 가장 큰 상처를 받았다. 당연히 엄마가 나보다 더 화를 내 줄 거라고 생각했다. 드라마에 나오는 극성 엄마들처럼 남편 머리를 잡고 흔들며 "미친놈, 무릎 꿇고 싹싹 빌어도 모자라" 하고 쏘아붙이거나 "도대체 아들을 어떻게 키우셨어요?"라며 시부모님께 따질 줄 알았다. 나는 엄마한테 무척이나 귀한 딸이고, 엄마는 옛날부터 동네에서 유명한 헬리콥터 맘이었기 때문이다.

"엄마, 나 이혼해야겠어."

내 편을 들어줄 거라고 생각하며 엄마에게 이야기했다.

"소영아, 잘 생각해봐. 이혼 안 하면 안 되겠어? 엄마는 네가 이혼한다고 하면 남부끄러워서 안 되겠어. 아이는? 그 불쌍한 아이는 어떡할 건데?"

엄마는 이혼을 말렸다.

"앞으로 회사 사람들한테 이혼녀인 거 알려져도 괜찮겠어? 너희 회사 보수적이잖아. 엄마는 안 될 것 같아. 네 결혼식에 친척들, 회사 사람들, 친구들 모두 다 왔는데, 어떻게 이혼했다고 말하겠어?"

엄마의 말들이 마음속에 비수처럼 꽂혔다. 엄마의 상황을 이해하지 못하는 것은 아니었다. 엄마는 평생을 한동네에서 사셨고, 평생을 그 동네에서 일하셨다. 엄마가 길을 걷고 있으면 많은 분이 엄마에게 인사했다.

"팀장님 딸이 참 결혼을 잘했다면서요? 부러워요."

이런 소리를 종종 들으셨고, 나는 정말 자랑스러운 딸이었다. 많은 사람이 내 결혼을 부러워하고 축복했던 만큼, 엄마에게 딸의 이혼은 남부끄러워서 안 되는 일이었다.

이혼을 결정하기 전 마지막까지 걱정했던 것은 남들의 시선이었다. 직장동료들과 친구들은 내가 부잣집에 시집가서 가정적인 남편 만나 편하게 잘산다고 알고 있었다. 그 결혼의 끝이 남편의 외도라니, 뒤에서 수군거릴 것 같았다. 결국 이혼할 때까지 주변 사람들에게 아무런 티도 내지 않기로 했다. 제일 친한 친구도 내가 상간녀소송과 이혼소송을 진행하고 있는 것을 몰랐다. 그만큼 남편의 불륜이 남부끄러웠던 것이다. 하지만 나를 지키기 위해 이혼을 해야 했다.

"엄마, 내가 이 결혼을 유지해서 스트레스받고 병들어 죽는 거보다, 혼자 살지만 건강하게 사는 게 더 좋지 않아? 나는 이혼 안 하면 죽을 거 같아."

엄마를 설득했다. 아빠도 내 선택을 존중해주자며 엄마를 같이 설득해주었다. 부부가 이혼하는 데 부모님도 설득해야 했다. 부모님은 그의 외도가 있기 전, 그가 100점짜리 남편이라고 생각하고 계셨다. 결혼생활을 하는 동안 그에 대해 험담하지 않았고, 엄마가 서운하거나 불만이 생길만한 일들도 좋게 이야기했기 때문이다. 한 번의 외도를 겪었다고 이혼녀라는 딱지를 붙이고 손자에게 아빠 자리가 없어지는 건, 후회할 행동이라고 엄마는 생각하셨다.

옛날 분인 엄마에게 외도는 큰 이슈가 아니었다. 그래서 엄마는 충분히 덮을 수 있는 문제라 생각하셨고, 엄마 딸인 나도 덮을 수 있을 것으로 생각하셨다. 엄마에게는 배우자의 외도보다 타인이 이혼녀라고 보는 시선이 더 걱정되는 일이었다. 나도 타인의 시선을 의식하는 편이지만, 살고 봐야겠다 싶으니 용서하고 사는 것은 선택지에 없었다.

"엄마가 남부끄러워서 이혼하지 말라고 했잖아. 난 그게 참 서운했어."

엄마는 내가 7년째 이 이야기를 할 줄은 몰랐을 것이다. 하지만 나는 계속 이야기할 생각이다.

60년대생인 엄마의 세대에서 불륜으로 인한 이혼은 거의 없었다. 한 번쯤 지나가는 바람이라고 생각하며 남편이 돌아오길 기다리는 사람들이 많았다. 그래서인지 엄마는 이렇게 이야기하셨다.

"그 시절에는 다 그렇게 살았어. 하지만 모든 일에는 끝이 있는 법이야. 너도 아이를 잘 키우고 시간이 지나면 좋게 끝낼 수 있지 않을까? 혹시 경솔하게 선택해서 나중에 아이에게 원망을 듣지는 않을지도 생각해야 해."

엄마 세대의 아내들이 남편의 외도를 용서하는 것은 어쩔 수 없었다. 대다수가 전업주부로 가정에서 자녀들을 보살피며 산 세대이기 때문이다.

경제력이 없으면 이혼을 선택하기 어렵다. 지금도 그런데 엄마 세대는 더했을 것이다. 아이들이 눈에 밟혀 아이들만 두고 나올 수도 없을 것이고, 설사 이혼해서 산다 해도 결혼을 유지하고 사는 것보다 질적으로 나은 삶을 살 수 있다는 보장도 없다. 이런 시대상으로 엄마는 남편의 바람에 비교적 관대했다. 반면 아빠는 전적으로 응원해 주셨다.

"네가 꾸린 가정이니, 네가 선택하는 게 옳아. 아빠는 네 선택을 응원한다. 네가 가정을 지키기로 하면 나는 이 일이 없었던 것처럼 행동할 것이고, 네가 이혼하기로 하면 아빠는 네가 아이를 잘 키우고 너 역시 돌보아 줄 수 있으니 걱정하지 마라."

엄마가 딸의 이혼으로 괴로워하고 불안해할 때, 아빠가 이렇게 엄마를 다독여주시기도 했다.

"소영이는 혼자서도 여태껏 잘해왔고, 지금도 잘해오고 있고 앞으로 잘할 거니, 우리가 옆에서 지켜봐 줍시다."

동생은 내가 이혼을 선택했다는 말을 엄마에게 전해 들었다. 동생은 그 어떤 말도 하지 않았다. 속으로 '누나가 남자 보는 눈이 참 없다'라고 생각했는지는 모르겠지만, 그저 묵묵하게 옆을 지켰다. 동생은 지금껏 좋은 삼촌으로 아이에게 안식처가 되어주고 있다.

전남편이 소송 과정에서 보여준 모습으로 엄마도 결국 이혼하는 게 맞는 것 같다고 인정하셨다.

"네가 마음이 편한 길을 선택하면, 엄마와 아빠는 네 뒤에서 늘 너를 힘닿는 데까지 도와줄게."

그때 해주신 말처럼 지금까지 많이 도와주고 계신다. 엄마와 아빠가 보호해주고 계신 걸 느낀다. 그게 비록 경제적인 부분이나 환경적인 부분은 아니지만, 엄마 아빠가 가까이 계신다는 것 하나만으로도 큰 울타리가 된다.

결국 우리 가족은 남편, 나, 아이 세 식구에서 엄마, 아빠, 동생, 나, 아이, 다섯 식구로 바뀌었다. 이혼을 결정하고 우리 가족은 여행을 떠났다. 인생을 뒤흔들 만큼 큰일이 있었지만, 여행을 통해 또 다른 추억을 쌓았다. 여행지에서도 이혼에 관한 이야기는 빠지지 않았지만, 이혼으로 삶이 매몰되지도 않았다. 우리는 아이에게 아빠가 없더라도 부족함 없이 듬뿍 사랑해 주자고 약속했다.

20살 이후 타지에서 혼자 생활해서 가족의 소중함을 잘 느끼지 못할 때가 많았다. 어렵거나 힘든 일이 있더라도 가족들이 멀리 떨어져 있어 혼자 해결해야 하는 경우가 많았기 때문인 것 같다. 하지만 이혼을 통해 인생 최악의 시기를 지나며 가족의 소중함을 깨달았다. 비록 엄마의 "남부끄러워서"라는 말을 아직도 무기 삼아 서운하다고 표현하지만, 가족들이 뒤에서 응원하고 도와주고 있다는 안정감이 지금도 나를 지탱하고 있다.

사르트르는 희곡 『닫힌 방』에서 '타인은 지옥이다'라는 명언을 남겼다. 문자 그대로 사람 자체가 지옥이라는 뜻이 아니라, 타인의 시선이 지옥으로 만든다는 뜻이다. 나와 우리 가족이 타인의 시선에만 집중해 결국 가정을 유지하는 것을 선택했다면, 나는 아직도 지옥에 남았을 것이다. 이혼을 결정하고도 남부끄러워 두 번의 이사를 했다. 직장동료들이 남편에 관해 물으면 "남편은 회사 다녀요. 주말부부예요" 등의 말로 얼버무렸다. 하지만 차츰 내 마음도 단단해져 타인의 시선에서 벗어나 나에게 더 집중할 수 있게 되었다. 지금은 이혼녀이기에 다른 사람이 좋지 않은 시선으로 볼까 봐 두려워하지 않는다. 나에게 나와 내 가족이 가장 중요하기에 그저 나답게 산다.

타인의 시선을 무척 신경 쓰던 엄마는 이제는 이렇게 말한다.

"남의 말은 잠깐이야. 네가 이혼한 것을 아는 사람들도 그냥 잠깐 이야기하고 말 거야. 그러니 위축되지 말고 잘살자. 이혼이 뭐 대수야?"

이혼해도 괜찮다. 세상이 달라지지 않는다. 괜찮아지기까지 시간이 조금 필요하지만, 타인의 시선에서도 자유로울 수 있는 날이 분명히 온다.

법 없이도 살 사람이 소송이라니!

나는 전형적인 '법 없이도 살 사람'이다. 착하다고 말하는 것이 아니다. 바른생활 콤플렉스처럼 도덕적 강박이 있는 사람에 가깝다. 무단 횡단, 불법주정차, 쓰레기 투기 등과 같은 일을 한 적이 없고, 분리수거 역시 규정에 맞춰 배출한다. '내가 약간 손해 보면 순탄하게 지나갈 수 있다'라는 마음을 품고 살고 있다. 남 눈치를 많이 보기 때문일 수도 있다. 나처럼 남도 똑같을 것이라는 마음속 전제가 있었다. 그래서 내 인생에 소송이라는 것이 일어날 것이라 생각하지 않았다. 막상 겪어보니 법 없이도 살 사람에게는 오히려 법이 필요했다. 법이 무법자로부터 최소한의 보호를 해주기 때문이다. 법은 가해자를 위한 장치가 아니라 피해자를 위한 최소한의 장치였다!

그의 불륜을 마주한 후 억울한 마음을 가눌 길이 없었다. 내 삶은 온통 엉망진창이 되었는데, 그와 상간녀의 세상이 핑크빛인 것에 화도 났다. 너무 억울해서 가만히 있을 수 없었다.

"상간녀소송을 해야 해. 그래야 억울한 마음이 좀 풀려. 이혼을 하든 하지 않든 무조건 소송은 해야 후회가 없어."

사람들이 말했다. 흔히 말하는 상간녀소송은 상간자 손해배상소송을 말한다.

소송에는 형사소송과 민사소송이 있다는 걸 몰랐다. 민사와 형사에 관한 차이도 모를 정도로 법과는 관련 없는 삶을 살았다. 그런데 나에게 소송이라니, 말만 들어도 심장이 떨렸다. 형사소송은 범죄를 저지른 사람에게 국가가 형벌권을 실현하는 절차로, 유죄로 확정되면 징역과 벌금을 매겨 전과자가 된다. 반면 민사소송은 개인의 권리를 구제받기 위해 하는 것으로, 사회활동에 불이익이 없다.

간통죄가 폐지된 후 배우자의 외도로 할 수 있는 건 민사소송인 상간녀 손해배상소송밖에 없다. 결국 "사랑에 빠진 게 죄는 아니잖아"라고 외쳤던 「부부의 세계」 이태오의 말이 맞았다. 내 삶이 엉망이 되더라도 그들에게 할 수 있는 것은 소정의 위로금을 받는 것이 전부였다. 억울함이 풀리지 않겠지만, 할 수 있는 선택지는 상간녀소송밖에 없었다.

같은 법무법인에서 알게 된 분은 상간녀소송을 하니 남편이 집을 나가버렸다고 말했다. 당신 마음대로 하라고 이혼을 요구하며 상간녀와 함께 산다고 했다. 다른 분은 상간녀소송을 하고 남편에게 완전히 주도권을 뺏어왔다고 했다. 마음은 지옥이지만, 오히려 삶은 편해졌다고 했다. 나와 같은 직종에 있던 동생은 상간녀소송을 하니 오히려 남편이 보란 듯이 여자를 데리고 다닌다고 했다. '이래서 상간 녀소송을 해야 남편에 대해 정확하게 판단을 할 수 있다고 하는구나' 생각했다. 반면 상간녀소송을 하면 다시는 돌아올 수 없는 길로 가는 것은 아닐까 하는 걱정도 들었다. 주변에서 모든 것을 알 것만 같은 두려움도 있었다.

고민 끝에 상간녀소송을 하기로 했다. 상간녀소송은 상간녀를 적극적으로 제지하는 방법으로 유일했다. 상간녀의 직장에 알리거나 상간녀의 남편에게 알리는 방법도 있었지만, 역으로 내가 피해를 입을 수 있다고 했다. 덤으로 그와 상간녀에게 심리적인 압박을 할 수도 있었고, 이 과정에서 그의 본모습을 볼 수 있다고 불륜을 겪은 선배들이 말했다. 소송을 위해 변호사를 선임할 때 계약서를 쓰고, 착수금과 성공보수를 결정한다는 것을 알게 되었다.

그의 불륜 이후 해보는 것들은 모두 처음 하는 경험이었다. 착수금 330만 원, 성공보수 6%로 변호사와 계약했다. 변호사는 위자료를 잘 받아야 3,000만 원, 대다수는 1,000만 원에서 2,000만 원 사이라고 했다. '남편에 대한 믿음과 신뢰를 전부 잃어버리고, 배신에 대한 위로금이 3,000만 원이라니. 사랑이 참 싸다'라고 생각했다. 지금도 상간녀소송에서 위로금으로 3,000만 원을 받는 것은 무척 잘 받은 축에 속한다고 한다. 위자료에는 인플레이션도 없는 것 같다.

변호사는 소장을 작성하기 위해 초안 양식을 보내주었다. 그 양식에는 결혼생활이 어떠했는지, 지금 어떠한 상황에 부닥쳐있는지, 내 마음이 얼마나 지옥 같은지를 서술해야 했다. 예전 행복했던 시간을 쓸 때는 나도 모르게 눈물이 쏟아졌다. 가정을 이루며 느꼈던 행복했던 시간을 되돌릴 수 없다는 것을 다시 깨달았다.

소송은 무척 지루하고 애가 탔다. 가장 첫 단계인 소장이 상간녀에게 송달되는 것부터 오래 걸렸다. 상간녀소송이 시작되자 상간녀와 그는 소송을 취하하라고 회유했다. 자신은 이 일에 대해 할 말이 없다고 했던 상간녀는 소장이 송달되던 날 태도를 바꾸고 용서를 구했다. 내 앞에서 무릎을 꿇기도 했다. 그는 눈물을 보이기도 하고, 화를 내기도 하고, 용서를 구하기도 했다. 상간녀소송을 진행하니 그들의 밑바닥을 볼 수 있었다. 이렇게 밑바닥을 볼 줄 알았더라면 소송을 진행하지 않았을 것 같다. 그가 나만 사랑한다고, 잠깐의 유희였다고, 그 여자는 아무것도 아니었다고 이야기할 때 '사랑이란 이름으로 불륜을 저질렀을 텐데, 너 하나 살려고 그렇게 이야기하는구나!' 하는 실망감이 들었다. 상간녀소송을 취하해달라며 빌 때는 '네가 가정을 유지하고 싶은 생각이 없구나' 하는 생각에 분노했다. 배우자의 불륜을 겪은 선배들의 말이 모두 맞았다. 사람에 대해 너무나도 큰 실망을 하게 되니 오히려 헛웃음이 나왔다. 점점 더 가정을 유지하고 싶은 마음이 사그라들었다.

이 사건의 피해자는 나인데, 내가 가해자가 된 것만 같았다. 그와 시부모님은 소송을 취하하라고 압박했다. 지금 생각해보면 가스라이팅을 당한 것 같다. 요구 조건을 들어준다면 취하하겠다고 이야기했다. 상간녀에게 요구한 세 가지 조건은 이사, 상간녀 가족의 연락처, 다시 만나지 않겠다는 각서였다. 상간녀가 답했던 문자 내용은 아래와 같다.

'이사는 생각해보지도 못한 부분이에요. 서로 안 마주치는 게 좋긴 하겠죠. 왜 같이 저지른 일에 나만 책임을 져야 하나요? 한경이 책임도 절반 이상은 있다고 생각하는데, 이럴 게 아니라 삼자대면이라도 해서 뭔가 확정 짓는 게 낫지 않나요? 도저히 합의 봐주기 싫으면 저 또한 한경이에게 할 말이 있지 않을까요? 너도 책임이 있지 않냐고. 내가 그쪽에게 미안한 건 정말 미안한 일이고. 그렇지만 혼자 책임을 떠안아야 하는 건 좀 부당하네요. 선처 부탁드릴게요. 그때 해달라는 것들은 써 줄게요.'

그에게는 신혼집과 남편 계좌의 현금증여, 휴대폰 오픈, 세 가지를 요구했다. 그는 신혼집은 시부모님이 해주신 거라 자기 마음대로 할 수 없다고 했다. 두 사람 다 본인들이 잘못했지만, 요구는 들어줄 수 없고, 그대로 덮어주길 바라고 있었다. 마음이 힘들어 소송을 취하하고 싶었지만, 그들의 이야기를 들으니 취하하지 않는 것이 맞겠다는 생각이 들었다. 소송을 진행하면 그나마 억울한 마음이 조금은 달래지는 것 같았지만, 사람의 밑바닥을 보는 것은 혐오스러웠다. 판결이 났다. 변호사가 메일로 보내준 판결문을 직장에서 숨죽여 읽었다. 상간녀에게 위자료로 3,000만 원을 지급 및 소송 관련 비용을 모두 부담하라고 했다. 우습지만 법이 고통을 인정해주는 것 같았다. 10

장 남짓의 판결문이 마음을 위로했다. 위자료가 중요한 게 아니라, 그들의 불륜으로 내 가정이 되돌릴 수 없는 치명적인 피해를 입었다는 법적 증거가 중요했다. 아이가 커서 엄마와 아빠가 이혼한 이유를 물을 때, 객관적으로 이야기해 줄 수 있는 자료였다. 지금도 개인 메일과 외장하드에 당시 제출했던 증거들과 판결문 및 기타 관련 자료들을 보관하고 있다. 만일을 위해 앞으로도 계속 보관할 생각이다.

3,000만 원을 지급하라고 판결이 나자, 상간녀는 본인은 가정주부고 돈이 없으니 위자료를 주지 못하겠다고 했다. 상간녀는 이 불륜에 대해 자기만 책임이 있는 것이 아니니 그가 절반은 부담해야 한다고 했다. 돈이 걸리자 둘은 서로를 탓하며 다투기 시작했다. 내 앞에서 서로를 헐뜯기도 했다. 판결금에 대한 가산금이 붙자, 상간녀는 법무법인 계좌로 판결금을 입금했다. 누구는 위자료로 차를 바꾸었다고 했고, 누구는 위자료로 성형했다고 말했다. 나는 내 미래를 결정짓지 못하여 그 돈으로 무언가를 하지 않았다. 앞으로 어떻게 살아갈 것인지 결정하고 그 돈을 쓰기로 했다.

소송하는 매 순간이 걱정이고 고민이고 선택이었다. 하지만 지나고 나니 소송 또한 별일 아니었다. 법은 억울한 사람을 지켜줄 수 있는 울타리였고, 그 속에서 억울함을 조금이지만 풀 수 있었다. '살아가며 너무 억울한 일을 참을 필요도 없다'라는 확신도 생겼다. '남편이 바람나서 탐정처럼 증거도 모으러 다니고, 상간녀도 잡으러 다니고, 소송도 했는데 까짓것 이것쯤이야' 하는 배짱도 생겼다. "돌아보니 별거 아니더라, 다 해결되더라. 사람이 죽으란 법은 없더라" 하며 이야기할 수 있다. 하지 못할 일은 없었고 견디지 못할 일도 없었다. 물론 겪지 않았으면 좋았을 일이었지만, 모든 일에 나쁜 것만 있는 것은 아니다. 나는 이 경험으로 세상을 조금 더 용기 있게 헤쳐나가게 되었다. 앞으로도 억울한 일이 생긴다면 적극적으로 대응할 생각이다.

주거침입죄라고요?

'Heaven's vengeance is slow but sure.'

'천벌은 느리지만 확실하다'라는 뜻이다. '뿌린 대로 거둔다', '인과응보'와 결이 같다. 벌 받을 만한 행동을 하고도 잘 사는 사람들을 보면 하늘이 무심하다는 생각이 드는데, 느리지만 천벌이 온다 생각하면 세상은 살만한 것 같지 않은가?

"바람은 남편이 피웠는데, 왜 애꿏은 여자만 잡는지 이해 불가. 자기 남편을 먼저 잡아야지."

남편 바람난 사연에 꼭 달리는 댓글 중 하나다. 나에게도 누군가가 그렇게 이야기했다. 뼈아픈 말이지만 동의한다. 잘못은 혼자가 아니라 둘이 했는데, 한 명만 벌 받으면 억울한 건 당연하다. 잘못한 사람 모두 벌 받는 것이 맞다고 생각한다. 단지 순서가 있을 뿐이고, 각자에게 사정이 있을 뿐이다. 그에게는 상간녀보다 느리게 천벌의 순서가 왔다.

상간녀는 결혼 8주년 기념으로 자기 남편이 선물해 준 명품가방 사진을 카카오톡 프로필로 바꾸었다.

"얘는 정말 제정신이 아니네. 답이 없다. 소송만으로는 부족하네."

나도 모르게 그 말이 입 밖으로 나왔다. 남의 가정은 자신으로 인해 풍비박산 났는데, 본인 가정은 행복하다고 자랑하는 꼴이라니 뻔뻔하지 않은가? 평범한 사람이라면, 자기 잘못을 뉘우치거나 위축되었을 것 같은데, 저렇게 자랑하는 사람의 머릿속에는 어떤 생각이 들어있을까? 상간녀의 남편도 이 사실을 알아야 한다는 생각이 들었다.

'바람피운 그도 상간녀 남편에게 죄를 빌어야지' 하는 마음도 더해졌다. 사실 상간녀가 프로필 사진을 바꾸지만 않았더라면, 혹은 그가 나에게 납작 엎드려 진심으로 반성하는 모습만 보였다면, 상간녀 남편에게까지 알리지는 않았을 것이다.

그와 상간녀는 계속 남 탓을 했다. 그는 내가 본인에게 소홀했다고 내 탓을 했고, 대한민국 남자들은 다 그렇다며 사회 탓을 했다. 상간녀는 본인의 남편이 지저분하고 예의 없다고 자신의 남편 탓을 하고, 남편을 제대로 관리 못 해서라며 나를 탓했다. 그 둘은 참 비슷한 사람인 것 같다. 상간녀는 나를 붙들고 그들 부부 사이가 좋지 않은 이유와 자기가 그렇게 할 수밖에 없었던 이유까지 토로했다.

'그 인간'이라는 호칭으로 불리던 상간녀의 남편은 본인에게는 나쁜 사람이었을지 모르겠지만, 내가 듣기에는 꽤 괜찮은 사람이었다.

주말부부를 하며 급여를 모두 아내에게 생활비로 주었다고 했다. 본인은 부수입으로 혼자 독신자 숙소에서 생활하는 책임감 있는 사람으로 보였다. 상간녀의 남편에게 둘의 불륜을 사실을 문자로 알리니, 바로 전화가 왔다.

"문자를 받고 전화를 드리는데요. 문자 잘못 보내신 거 아닌가요?"

"아니요. 정지원 남편 되시죠? 정지원 씨가 저희 남편과 불륜관계에 있어 얼마 전 상간자 손해배상소송을 했어요. 저는 정지원 씨로 인해 이혼할 거고요. 자세한 건 다 말씀 못 드리니 확인해보세요."

상간녀의 남편은 장기휴가를 쓰고 고향으로 돌아왔다. 그에게도 천벌은 느리지만 확실하게 왔다. 막장드라마의 시즌 2가 시작되었다. 모양새가 꽤 그럴듯했다. 상간녀는 내가 잡고, 그는 상간녀 남편이 잡고. 꽤 합리적이지 않은가?

상간녀의 남편은 가지고 있는 증거들을 달라고 하였지만, 리스크가 있어 공유하지 않았다. 상간녀의 남편은 상간녀를 압박하여 증거들을 찾아냈다. 상간녀소송의 판결문을 확인하고, 아파트에 설치되어있던 CCTV 자료를 수집했다. 상간녀 명의였던 집을 본인의 명의로 증여했고, 상간녀가 타던 차와 상간녀의 부모에게 빌려줬던 돈에 대한 구상권을 청구했다. 그리고 전남편에게 만나자고 연락했다.

나에게 상간녀소송을 취하해달라며 회유와 협박을 했던 그는 상간녀의 남편 앞에서 납작 엎드렸다. 처음 상간녀 남편을 만나고 왔던 날은 얼굴을 맞아 코피가 줄줄 흘렀다고 했다. 그는 상간녀의 남편이 자신을 어떻게 할까 봐 무척 불안해했다.

'소영아, 나 너무 무서워. 솔직히 저쪽에서 어떻게 나올지도 모르겠고, 나 너무 무서운 생각이 들어. 내 옆에 있어 주면 안 될까? 미안해. 너무 염치없지? 아니다. 내가 생각해도 아닌 것 같아.'

그는 나에게 메시지를 여러 번 보내기도 했다.

상간녀 남편은 주거침입죄로 그를 고소했다. 아이가 있던 집에서 밀회를 즐겼던 사람을 용서할 수 없었던 것이다. 내가 상간녀의 남편이었다면, 피가 거꾸로 솟는 기분이었을 것이다. 그는 경찰서에서 조사받아야 했다. 상간녀의 동의가 있어 상간녀의 집에 들어왔더라도, 주거침입죄로 고소할 수 있었다. 2020년 대법원의 판결 이후에는 무단주거침입죄로 고소할 수 없게 되었지만, 이슈가 있던 2017년에는 가능했다. 증거로 아파트 CCTV 영상이 제출되었다. 그가 조사받던 경찰서는 친구의 일터였고, 그의 불륜이 친구에게 낱낱이 알려질 수밖에 없었다.

뒤이어 상간남소송 소장이 도착했다. 상간녀의 남편은 상간녀소송판결문을 근거로 전남편에게 상간남소송을 걸었다. 잃을 게 없으리라 생각했거나 잃어도 상관없다고 생각했던 것인지, 상간녀의 남편은 그와 상간녀의 친구들을 카카오톡 단체 채팅방에 초대했다. 그리고 그들의 불륜 증거들과 소장내용을 빠짐없이 전송했다. 그럴 뿐만 아니라 상간녀의 직장에 찾아가 불륜 사실을 알렸고, 아들의 학교에 찾아가 아내의 불륜 사실을 통보하며 아내가 찾아오더라도 아이들을 절대 만나게 하지 말라고 이야기했다. 지역 내 인맥이 넓었던 전남편은 고개를 들고 다닐 수 없었다.

상간녀의 남편은 아들에게 엄마의 불륜 사실을 빠짐없이 이야기했다. 당시 8세, 6세였던 상간녀의 아들들은 아빠의 이야기를 듣고 엄마를 만나지 않겠다고 했다. 상간녀는 친정집으로 짐을 옮겼고, 이후로 아이들을 볼 수 없었다.

거침없는 상간녀 남편의 행동에 십 년 묵은 체증이 쑥 내려가는 것 같았다. 그가 형사소송과 민사소송을 당한 것보다, 친구들 모두에게 불륜 사실이 알려진 것이 더 치명적이었다. 평소 그는 본인이 도덕적인 사람인 척 다른 사람들의 행동을 훈계했는데, 그의 민낯을 드디어 친구들이 알게 된 것이다. 친구가 매우 많았던 그는 이제 친구들을 만나지 않는다.

그들은 상간녀소송, 상간남소송, 주거침입죄에 해당하는 형사소송을 거치면서 끝까지 내 탓을 했다. 한 번의 바람에 눈을 감지 못한 내 탓, 상간녀의 남편에게 알린 내 탓을 했다. 죄지은 사람이 벌을 받는 것은 당연하다. 하지만 이 일로 아무 죄 없는 가정의 아이들이 너무 많은 고통과 영향을 받은 것이 안타깝다.

사람은 쉽게 변하지 않는다고들 말한다. 오죽하면 죽을 만큼 힘든 고비를 거쳐야 변한다는 말이 있겠는가? 나는 배우자의 불륜을 겪으며 많이 변했다. '물이 반밖에 안 남았네?' 하는 생각에서 '물이 반이나 남았네' 하는 마음으로 바뀌었다. 어떻게 더 긍정적으로 세상을 바라보게 된 걸까? 그 답은 어려운 일을 해결해가는 과정에서 자존감이 높아지고, 어떠한 어려움이 찾아와도 해결할 수 있다는 확신이 생겼기 때문이다.

"너는 내가 힘들다고 이야기하는 상황을 반전시켜 긍정적인 부분을 찾아주는 점이 참 좋아."

가장 친한 친구가 이렇게 말했다. 나도 그런 내가 참 좋다.

배우자의 불륜을 겪으며 나는 무척 달라졌는데, 그들은 과연 달라졌을까?

친구가 또 말한다. "개 버릇 남 못 줘."

신속한 셀프이혼, 이렇게 합니다

'손절'이란 말을 들어보았는가? '손절'은 손절매의 약자다. 손해를 감수하고 적당한 시점에 끊어낸다는 뜻으로, 원래 사용되던 주식시장 외 여러 상황에서 관계를 끊는다는 뜻으로 사용되고 있다. 물의를 일으킨 연예인의 모델 계약을 해지할 때도 '손절했다'라는 표현을 사용한다.

책『감정 기복이 심한 편입니다만』(박한평)에서 '좋은 영향을 미치는 사람과 함께 있을 때는 좋은 방향으로 변화하고, 나쁜 영향을 미치는 사람과 함께 있을 때는 일상이 무너지고 나쁘게 변화한다'고 하였다. 주변 사람 중 나쁜 영향을 미치는 사람은 반드시 빠르게 끊어내고 좋은 영향을 주는 사람을 곁에 두어야 한다고 말한다. 악영향을 미치는 사람을 그대로 두는 것은 어찌 보면 '자해'에 가깝다. 당장은 아프지만 '손절'하는 것이 옳다. '손절'을 해야 하는 타이밍이라면 최대한 빠르게 해야 나머지 부분을 살릴 수 있다.

삶에서 나를 상하게 하는 썩은 부분인 그를 최대한 빠르게 손절하기로 했다. 이혼은 부부가 협의를 통해 진행되는 협의이혼과 소송을 통해 이혼하는 재판상 이혼이 있다. 협의이혼은 평균 1~3개월, 재판상 이혼은 이혼소송을 하기 전 조정이라는 단계를 거치게 된다. 조정으로 이혼을 할 수 있다면 1~3개월, 소송으로 넘어간다면 평균 1년의 기간이 걸린다고 한다. 신혼이혼에 속하는 내 경우는 이혼소송을 하더라도 재산분할을 거의 받지 못할 것이라 하였다. 신혼이혼은 만 4년 이하의 결혼생활을 지속하다 이혼하는 것을 말한다. 결혼 전 부모님으로부터 받은 특유자산은 부부의 공동자산이 아니기에, 결혼 이후 부부가 모은 금액만을 분할하는 것이 원칙이라고 한다. 배우자의 유책과 재산분할은 별개였다. 변호사는 소송을 하는 것은 실이익이 없을 것이라며 그와 협의하라고 했다. 외국처럼 유책배우자를 빈털터리로 만드는 법이 필요했지만, 현실은 냉정했다. 직장 내 선배 싱글맘은 이혼소송 후 판결을 받을 때까지 3년이라는 시간이 걸렸다고 했다. 그동안 이사도 못 가고, 원수와도 같은 남편과 한 지붕 아래 두 가족으로 지냈다고 한다.

"어떻게 남편이랑 3년이나 한집에서 같이 살았어요? 그게 돼요? 숨 막혀서 어떻게 살아요?"

"막상 돈이 걸려있으니까 어쩔 수 없었어, 소송 중에 이사 가는 것도 나에게는 불리하다더라고, 사실 이혼하고 재산을 분할받아야 이사라도 가지."

'등본상 그의 이름이 적힌 것만 해도 싫은데, 심지어 한집에서 3년을 같이 살 수도 있다니.'

끔찍했다. 이미 상간녀소송을 하는 과정에서 그에 대한 믿음, 신뢰, 사랑이 사라졌고, 약간의 연민과 큰 실망만 남았기 때문이다. 나만 참고 가정을 유지해도 좋은 점은 손에 꼽혔다. 한시라도 가족관계증명서의 배우자란을 공란으로 만들고 싶었다. 이혼소송을 한다면 오랜 시간이 걸리고 실익도 없으니, 협의하거나 조정을 통하여 이혼해야 했다.

가장 간단한 것은 협의이혼이었다. 부부가 협의이혼 신청서를 제출하고, 숙려기간을 지나 확인 기일에 같이 법원에 출석하여 판사님 앞에 이혼하겠다는 의사를 밝히면 된다. 드라마에서 이혼하는 부부들이 법원에 같이 출석하고 나와서 헤어지는 것이 협의이혼의 대표적인 모습이다. 하지만 협의이혼은 확인 기일에 부부 중 한 명이라도 출석하지 않는다면 이혼을 할 수 없었고, 미성년자인 자녀가 있으면 숙려기간이 3개월로 길었다. 마지막 절차로 이혼확인서를 제출하지 않으면 이혼이 성립되지 않는 점도 특이점이었다. 아마 이혼을 좀 더 신중하게 선택하라는 뜻일 것이다.

그는 시간이 지날수록 이혼하지 않겠다고 말했다. 상간녀소송을 진행할 때와는 달리 진심으로 반성하는 것 같았다. 친정아버지를 찾아가 나를 말려달라고 이야기하고, 이혼이 성립되는 그 순간까지 다시 생각해보면 안 되겠냐고 설득했다.

"당신이랑 아이를 잃고, 모두 다 잃고 산다고 생각하니 이제야 현실이 보이는데, 내가 그동안 얼마나 잘못했는지 정말 느끼고 또 느껴. 미안해. 내가 모든 걸 망쳤어. 내가 다 보상해줄게. 제발 이혼하지 말자."

아무것도 남지 않는다고 생각되자 그는 매달렸다. 만약 협의이혼을 신청한다면, 이혼이 성립되는 마지막 절차인 확인 기일에 그가 출석하지 않을 것 같았다. 이혼하고 싶은데, 번번이 남편이 확인 기일에 잠적하여 이혼을 못 한다는 전설의 글들이 인터넷 커뮤니티 속에 많았다. 그의 회피 성향을 보면 확인 기일에 잠적할 가능성이 컸다. 다른 방법을 찾아야 했다.

나는 재판상 이혼 중 '조정'을 하기로 결심했다. 재판상 이혼은 조정과 소송으로 나뉘는데, 조정은 제삼자가 부부 사이의 갈등을 조율하여 합의를 할 수 있도록 한다. 두세 번의 출석으로 대다수 조정이 성립된다. 「사랑과 전쟁」에서 나오는 모습이 이혼 조정을 하는 모습이다. 이혼 조정은 평균 1~3개월이 걸린다고 했다. 이혼 조정에 합의하면 협의이혼과 달리 되돌릴 수 없다. 더할 나위 없이 좋았다. 지금 상황에 적확했다. 미리 그와 협의하고 이혼 조정을 신청한다면, 숙려 기간 없이 신속하게 이혼할 수 있었다.

아이가 잠든 밤이면 이혼하지 않겠다는 그를 달랬다. 하소연하는 시부모님도 달랬다.

"내가 한경이에게 이혼하지 말라고 했어. 나는 그 집에 들어간 돈

한 푼도 너한테 못 주니까 이혼하지 말라고 했어."

시어머니는 대뜸 전화해서 이렇게 말했다. 이혼은 내가 하자고 했는데, 시부모님은 왜 그가 이혼을 원하고 본인이 막는다는 것처럼 이야기하시는 건지 도무지 알 수 없었다. 시부모님은 마치 바람난 아들이 이혼을 종용한다고 생각했는지 모르겠다. 어쨌든 시부모님은 이혼하는 그 순간까지 아들의 편이었고, 한 번의 바람으로 이혼을 요구하는 며느리는 이상한 사람이었다.

"네가 명백하게 유책배우자라 이혼소송 하면 결국 이혼당할 수밖에 없어. 더 이상 얼굴 붉히지 말고 좋게 합의로 이혼해줘."

나는 그에게 이 말을 수백 번 이야기했다. 이혼소송 해서 지금보다 더한 밑바닥을 보고 난 뒤에는 서로 불편해서 아이의 얼굴을 보기는 힘들 거라고 설득했다. '더러워서 못 해 먹겠네'라는 말이 목구멍까지 올라올 때도 있었지만, 합의점을 찾아내기 위해 노력했다.

아이의 양육권과 친권, 양육비 문제, 현재 가지고 있는 자산 분할, 신혼집에서 언제 퇴거할 것인지가 가장 큰 협의 사항이었다. 아이의 양육권과 친권은 내가 단독으로 가지기로 하고, 신혼집을 17년 당시 시세를 기준으로 반으로 나누기로 했다. 양육비도 양육비 산정표를 기준으로 정하였다. 내가 회사에 신청한 발령이 승인되면 아이와 함께 신혼집에서 나가기로 했다. 이혼을 협의하던 와중에 상간녀의 남편에게 불륜 사실을 알렸기에 그의 멘탈이 급속도로 무너졌다. 그걸 노린 것은 아니었지만, 덕분에 생각보다 빠르게 협의할 수 있었다.

내 이혼에 가장 큰 공은 상간녀의 남편에게 있었다. 이혼 과정에서 가장 잘한 점은 친권을 단독으로 가진 것이다. 친권을 단독으로 가지지 못했다면, 아이의 통장을 만들거나 여권을 만드는 일에도 그의 동의가 필요했을 것이다.

합의된 내용으로 전자소송 사이트에서 조정조서를 작성하여 신청했다. 협의가 되었다면 변호사를 선임하지 않아도 간편하게 셀프로 이혼소송을 할 수 있다. 심지어 빠르고 정확했다. 서류가 미흡할 경우 법원에서 보정하라고 전화가 오니, 실수에 대해 걱정할 필요도 없었다. 이혼 소장을 받은 그는 이제 어떻게 해야 하는지를 물었다. 나는 모든 내용에 동의하겠다는 답변서를 법원에 제출하라고 말했다. 그가 동의하겠다는 내용을 제출하니 법원에 출석할 필요 없이 이혼이 성립되었다. 이혼이 성립되기까지 한 달이 걸렸다. 신중한 결혼을 하지 못하였지만, 이혼만큼은 신속하게 해낸 것이다.

내가 좋아하는 유튜버 '아는 변호사'님은 타이밍을 놓칠수록 점점 더 이혼하기 힘들어진다고 말한다. 이혼 사유는 시간이 지날수록 더 명확해지는데, 정작 나는 늙어가고, 결혼생활이 길어질수록 아이가 늘어날 가능성이 크고, 경력이 단절되는 시간은 길어진다고 했다. 이혼을 미루면 이혼을 선택할 수도 없어지는 상황에 부딪치는 것이다. 젊을 때 다치면 회복 속도가 빠르고, 노년기에 다치면 회복이 더딘 것처럼 이혼 역시 같다. 신속하게 이혼하면 상처야 남겠지만 그 상처가 회복되는 속도가 빠르고, 타이밍을 놓친 후 이혼하게 되면 더 큰 상처와 느린 회복을 겪게 될 것이다. 이혼이 모든 것을 해결해주지는 않지만, 이혼해야 하는 사유가 명확하다면 빠르게 이혼하는 것을 추천하고 싶다. 모두가 이혼하면 힘들게 살 것이라 했지만, 나는 꽤 괜찮게 살고 있다.

가족의 해체와 싱글맘의 등장

　세상이 많이 변했다. 이혼자의 삶에 대해서 쉬쉬하지 않고 오히려 관심을 가진다. 다양한 TV 프로그램에서 돌싱들의 연애와 재혼을 다루고, 이혼한 가족이 같이 여행을 떠나거나 잠시 동거하는 소재의 방송도 볼 수 있다. 이혼과 재혼을 소재로 드라마와 영화도 많이 나온다. 이혼자들이 나오는 프로그램의 시청률이 높고 이슈가 많이 된다고 한다. 그만큼 사람들이 이혼하고 싶은 것일까? 아니면 이혼자의 삶을 더 궁금해하는 것일까? 이혼자들은 더 이상 이혼했다는 이유만으로 숨어지내지 않는다.

　물론 아직도 이혼은 일종의 주홍 글씨다. 이혼하지 않고 온전한 가정을 이루고 있는 사람보다 다시 돌아온 사람들에 대한 인식이 부정적인 것은 어쩔 수 없다. '이혼한 사람들은 다 이유가 있더라' 하고 쉽게 평가되기도 한다. 하지만 이혼이 지워지지 않는 낙인 같아 꺼려진다는 고민의 글에 달린 댓글을 소개해주고 싶다.

'주홍 글씨가 많아서 괜찮아. 그냥 장식이다 하고 살면 돼요.'

세상이 정말 많이 바뀌었다.

결혼생활은 강제조정을 신청한 지 한 달 만에 끝이 났다. 정말 신속한 이혼이었다. 이혼 조정으로 이혼이 성립되면 조정 정본이 등기로 집에 발송된다. 하지만 전자소송으로 셀프 진행한 경우는 종이 서류가 오지 않는다. 전자소송 사이트에서 조정 정본을 조회하고 프린트하면 된다. 이 조정 정본을 시청이나 구청에 제출하며 신고하면 이혼의 절차는 끝이 난다. 신고를 늦게 하면 과태료도 있다고 했다. 해야 하는 일을 미루지 않고 빠르게 처리해야 마음이 편한 나는 반차를 내고 당장 시청을 방문했다. 이혼만으로도 우울한데, 이혼신고를 늦게 했다고 과태료를 낸다면 더 슬플 것만 같았다.

"지금 제출하신 정본이 원본 맞나요?"

"원본인 거 같은데요? 전자소송을 해서 받은 파일을 그대로 프린트 한 거예요."

"프린트한 걸 원본이라고 할 수 있는지 알아봐야 할 거 같아요. 기다려주세요."

담당자도 잘 몰랐던지 법원에 전화를 하고 프린트한 정본도 원본이 맞는지 물어보았다. 정본만 제출하면 "예, 접수되었습니다" 하고 조용히 끝인 줄 알았는데, 내 이야기를 여기저기에 말하니 마음이 불편했다. 단순 신고도 이렇게 마음이 불편한데, 주거침입으로 고소되어 경찰서에서 조사받던 그는 더 불편했겠구나, 라는 생각이 불현듯 스쳤다. 고소해졌다. 고소가 고소했달까? 그러다 누군가는 결혼도 하지 않을 나이에 이혼한다니 비참한 마음이 들었다. 마지막의 마지막까지 양가적인 감정이 들었다. 슬프기도 했고 기쁘기도 했다. 단시간에 많은 일을 겪으며 감정 회로가 잘못된 것은 아닐까 하는 생각이 들기도 했다.

"선생님, 이것대로 처리하면 된다고 합니다. 송달 확정원은 가지고 오셨나요?"

"아니요. 한 달 이내 신고는 필요 없다고 하던데요?"

"아 그래요? 잠시만요. 기다려주세요."

담당자는 옆에 앉은 공무원에게 또 조언을 구했다. 내 이혼을 이리도 만천하에 이야기하고 조언을 구해야 한다니 부끄러웠다. 절차에 대해 담당자가 숙지를 잘하고 있었더라면 좋았을 것 같다. 2~3일 후 가족관계증명서를 발급해 보면 서류가 바뀌어있을 것이라고 담당자는 말했다. 이혼서류를 접수하고 매일 오전에 한번, 오후에 한번, 가족관계증명서를 발급해 보았다.

서류를 접수하고 이틀이 채 지나지 않은 오후쯤 가족관계증명서에서 배우자가 사라졌다. 본인, 부, 모, 배우자, 자녀로 기재되어있던 가족관계증명서는 이제 본인, 부, 모로 바뀌어있었다. 분명 내가 아이의 친권과 양육권자로 지정되어있는데, 아이가 가족관계증명서에는 나오지 않아서 깜짝 놀랐다. 가족관계증명서를 상세로 발급받으니 그제야 아이가 나왔다. 가족관계증명서의 일반발급에는 현재 혼인

중의 자녀에 대해서만 나오게 되어있다고 한다. 현재 내가 혼인 중이 아니기에 아이가 나오지 않았던 것이다. 이제 가족관계증명서는 상세로 발급받아야 한다. 혼인관계증명서도 깨끗하게 비워졌다. 아이의 가족관계증명서는 이전과 같았고, 기본증명서에는 친권과 양육권자로 내가 지정되어있었다. 드디어 완벽하게 싱글맘이 된 것이다.

이혼해야겠다고 결심했을 때, 아이를 키우겠다고 결정한 상태는 아니었다.

'배우자의 유책으로 이혼을 하는 것도 억울한데, 아이까지 맡아서 키운다면 나만 실컷 고생하고 그는 날개 달고 혼자 편하게 살겠네.'

삐뚤어진 마음이 있었다. 여자 혼자 근근이 아이를 키우는 것보다 경제적으로 풍족한 그가 아이를 키우는 것이 나중에 아이에게 더 도움이 되지 않을까 하는 심적 갈등도 있었다. 사람들은 엄마가 아들을 키우는 건 정말 쉽지 않은 일이라고 말했다. 어딘가 도망쳐 쉬고 싶은 마음도 있었다. 만약 그가 정상적인 환경에서 아이를 양육할 수 있었다면, 아마 나는 비양육돌싱(아이를 양육하지 않은 이혼자)으로 살았을 것이다. 하지만 아이를 이 세상에 태어나게 한 책임을 져야 했다. 아이를 정상적인 환경에서 올바르게 키울 의무가 있었다. 부부의 사랑으로 낳아 귀했던 아이는 부부의 사랑이 없어졌어도 여전히 귀한 아이여야 했다. 시부모님보다 친정 부모님의 도움을 받는 것이 아이에게 더 나은 환경이라 판단했다. 물론 나만 생각한다면 아이를 두고, 나만 돌보며 다시 인생을 찾아가는 것이 옳은 선택이었을 것이다.

하지만 아이에게 더 나은 환경은 엄마가 키우는 것이었다. 이제 아이를 내 힘으로만 키워야 하니 복직해야 했다. 휴직 전 6~7년의 직장생활을 하며 한 번도 직장에 만족한 적이 없었다. 급여는 노동력에 비해 박봉이라고 생각했고, 세상의 변화를 따라가기엔 보수적이었다. 적성에 맞지도 않았다. 하고 싶은 일도 따로 있었다.

"그렇게 스트레스받는다면 그냥 그만둬. 아이 잘 키우고, 많이 웃고 하고 싶은 거 하고 살아. 조만간 해외로 나가야 할 거 같은데, 그때 같이 가려면 그만두는 것도 괜찮지."

그의 말대로 하지 않고 휴직을 선택한 것은 하늘이 도운 것이었다. 지금은 직장이 무척 소중하며 감사하다.

"이혼하고 아이와 둘이 살려고 하는데요. 가장 중요한 게 무엇인가요? 저 혼자 아이를 키우고 살아갈 수 있을까요?"

이 질문은 이혼을 생각하거나 준비하는 사람들이 가장 궁금해하는 점이다. 자녀를 양육하는 대다수의 돌싱들은 '경제력'이 가장 중요하다고 말한다. 그다음 '보조양육자'가 중요하다고 이야기한다. 나 역시 이 말에 공감한다. 신속하게 이혼하는 것도 중요하지만, 이혼을 하기 전 나와 아이가 살아갈 기초적인 경제력을 마련해야 후회 없이 살 수 있다. 아이는 커가며 하고 싶은 것이 많아질 것이고, 사랑보다 돈으로 키워야 하는 일은 점점 더 많아진다. 이혼했기에 사랑하는 아이가 하고 싶은 것을 못 하고 살아간다면, 그보다 마음 아픈 일은 없을 것이다. 그래서 이혼을 결정하기 전 최소한의 경제력을 갖추어야 한다.

경제력을 제외하면 부부가 공동으로 아이를 키울 때나, 혼자 아이를 키울 때나 별반 차이가 없었다. 워킹맘으로 살던 때도 집안일과 육아는 대다수 나의 몫이었기에 더 차이를 느끼지 못했다. 이혼 후 아무 연고도 없는 그의 고향에서 혼자 네 살 아이를 1년 동안 키워 냈다. 가족들은 힘들지 않냐고, 어떻게 그 어린아이를 혼자 키우냐고 안쓰러워했다. 심지어 아토피와 알레르기가 굉장히 심했던 아들은 밤이 되면 두 시간에 한 번씩 깨어나 울었다. 하지만 힘들지도 피곤하지도 않았다.

그를 손절했지만, 삶의 패턴이 변하지 않았다. 똑같이 굴러가는 일과가 안정감을 주었다. 이혼하고 싱글맘이 되면 삶의 질이 무척이나 떨어지고 힘들다는 이야기를 많이 들어 두려웠지만, 겪어본 것은 달랐다. 미리 걱정할 필요가 없었다. 닥치니 생각보다 별일 아니었다. 하루를 충실히 살아나가면 되는 것이었다.

여자 혼자 아들을 키우는 것은 힘들다. 여자 혼자 딸을 키우는 것은 위험하다. 아빠 혼자 딸을 키우기는 어렵다. 아빠 혼자 아들을 키우는 것은 힘들다. 어떤 조합이든 다 어렵고 힘들다. 싱글맘, 싱글대디여서 힘든 게 아니라 대한민국에서 아이를 키우는 부모는 모두 힘들다. 삶은 고통과 행복이 공존한다는 말이 괜히 있는 말이 아니다. 아니 오히려 고통이 더 많은 것이 인생이다. 그러니 나만 힘들다 생

각할 필요는 없다. 아이가 주는 무한한 신뢰와 애정을 느끼며 힘을
낸다면, 행복도 함께 찾아오지 않을까?

Chapter
2

혼자가 된다고 해서
홀로 설 수 있다는 건
아니다

이혼 후에는 계산만 남는다

'중요한 것은 어떻게 시작했는가가 아니라, 어떻게 끝내는가이다.'
'행복을 그리는 철학자'라고 불리는 베스트셀러 작가 앤드류 매튜스의 명언이다.

공중화장실에서는 '아름다운 사람은 떠난 자리도 아름답다'라는 명언을 볼 수 있다. 심지어 '유종의 미'라는 말도 있다. 모든 일을 할 때 마무리가 중요하다는 뜻이다. 시작이 좋더라도 끝이 나쁘면 전체가 나빠지고, 시작이 나쁘더라도 끝이 좋으면 전체가 좋게 느껴지기도 한다. 그만큼 끝이 중요하다. 또 다른 시작을 위해 끝을 잘 마무리해야 한다. 어떤 일의 끝이자, 또 다른 일의 시작이기 때문이다.

'남편이 바람났지만, 이만하면 이혼은 잘했지' 생각하고 산다. 그의 이름만 꺼내면 이를 북북 갈 정도의 원수처럼 남지도 않았고, 그의 잘못을 빌미 삼아 시부모님과의 관계가 틀어지지도 않았다. 나름 괜찮은 마무리였다. 그래서 이혼 후 그와의 관계도 비교적 원활

할 것으로 생각했다. 사랑이 떠난 자리에 사랑의 향기가 남는다는 말도 있지 않은가? 하지만 사랑이 떠난 뒤 남은 것은 향기가 아니라 계산이었다.

이혼하면 재산분할이나 양육비 등은 알아서 척척 해결되는 것인 줄 알았다. 하지만 끝날 때까지 끝난 것이 아니었다. 우리는 법적으로 남남이 되었지만, 돈은 그렇지 않았다. 협의를 하든 소송을 하든 이미 결혼생활 중 엮인 재산들을 분리하는 것은 쉽지 않은 절차였다. 부부가 현금만 가지고 있다면 간단했고, 재산분할 없이 몸만 떠나게 되는 형태라면 그것 역시 간단했다. 하지만 그 외의 경우는 좌충우돌의 연속이다. 남은 남인데, 아직 남이 덜된 것만 같은 느낌이랄까? 화장실을 갔다가 뒤가 말끔하지 않게 돌아오는 느낌과도 비슷하다. 뭐라고 명쾌하게 설명할 수 없는 찝찝함이 있다.

우리는 살고 있던 신혼집을 당시 시세로 따져 반씩 나누기로 했다. 유책배우자일 경우 양육권을 넘기면서 재산을 전부 넘기는 예도 있다고 하는데, 돈 앞에 상전 없다고 그 역시 상전은 아니었다. 그가 쪼잔(?)하다고 이야기하는 게 아니라, 억만금을 주더라도 가정이 깨어지는 대가와 아이를 혼자 키우고 살아가는 것에 대한 보상이 되지는 않는다는 뜻이다. 설상가상 돈 앞에서는 계산하게 되었다. 물론 입장을 바꿔 내가 유책이었더라도 마찬가지였을 거다.

그에게 현재 신혼 집값의 절반을 현금으로 주고 명의를 이전받겠다고 하였지만, 그는 거절했다. 처음 산 집을 처분하기 싫다는 이유였다. 그러면 집값의 절반을 현금으로 먼저 달라고 하니 그것도 힘들다고 하였다. 그의 개인적인 사정으로 신용대출이 거의 나오지 않았고, 집을 담보로 대출을 받아야 줄 수 있다고 하였다. 신혼집은 그의 명의였기에, 혹시나 몰래 팔고 책임지지 않을 수도 있겠다는 의심도 들었다. 이미 남남이라 생각하니 재산분할 하겠다는 약속을 미룰 수도 있겠다고 생각했다. 믿어서도 안 되었다. 그는 자기를 그런 파렴치한으로 생각한다며 억울해했지만, 법무사를 통해 재산분할을 받기로 한 금액만큼 근저당을 잡았다. 내가 이사 가는 날 신혼집을 담보로 대출받아 재산을 분할하기로 공증도 받았다.

전세를 살 때 만기가 될 시점 전세금을 못 돌려받을까 봐 안절부절못하는 세입자처럼 재산분할을 못 받을까 봐 마음이 불안했다. 근저당 말소를 해야 대출이 나온다는데, 근저당 말소만 하고 돈은 주지 않을까 봐 걱정하기도 했다. 결론만 보면 모든 것은 기우였지만, 아무것도 모르는 상태라 불안했던 것 같다. 지금이라면 같이 은행에 가서 주택담보대출을 받고 바로 내 계좌로 보내게 한 뒤 전근 때까지 거주했을 것이다. 33살이었던 신상 이혼녀는 세상을 모르고 있었다. 이때의 경험이 전화위복이 되어 많은 것을 배우게 되었다. 다행히 신혼집에서 이사 나가던 날 근저당 말소와 주택담보대출이 동시 이행되며 재산분할을 받았다. 혼수로 샀던 비싼 가전들은 서로의 필요에 따라 그와 나누어 가졌다. 현금성 자산은 이혼 당시 기준으로 반씩 미리 나누어 가졌다. 변호사님은 이만하면 성공적이고 깔끔한 재산분할이라 하였다.

　반면 친구는 남편의 유책으로 비슷한 시기에 조정 이혼했다. 친구가 양육권과 친권을 단독으로 가지는 대신, 재산분할은 하지 않았고 양육비만 받는 것으로 마무리했다. 친정 부모님이 경제적인 여유가 있어 몸만 나오더라도 살 집을 마련해 줄 수 있으니, 얼른 집에서 나와 살라고 하셨다.

　이렇게 경제적으로 여유 있는 경우를 제외하면, 시간이 오래 걸리더라도 계산을 확실히 하는 게 좋다. 지금 당장 전남편과 엮이기 싫어서, 빨리 끝내고 싶은 마음에 재산분할이나 양육비의 정리를 말끔하게 하지 못하면 오랜 기간 후회할 수밖에 없다. 아이의 복리를 위해서라도 최대한 유리하게 재산분할을 하는 것이 맞다. 당장 이혼하면 살 집부터 구해야 하는데, 그것도 다 돈 아닌가? 너무 돈, 돈 하는 것 같은 기분이 들지라도, 지금은 돈돈 하는 시기가 맞다.

　일반적으로 위자료나 현금성 자산은 정해진 날짜에 지정된 계좌로 주고받으면 된다. 소유하고 있는 주식의 경우 현금화하여 나누는 방법과 주식 수량을 나누어 받을 수도 있다. 차량도 팔아서 현금으로 분할하거나 중고 시세 가액을 보고 소유권을 이전하기도 한다. 부동산의 경우 소유권을 분할하기로 한 만큼 소유권이전등기를 할 수도 있고, 매도하여 현금으로 분할할 수 있다. 대신 소유권이전등기를 하면 등기부등본에 이혼으로 인한 이전이라는 기록이 남는다. 본인 이름과 이혼으로 인한 이전이라는 단서가 등기부등본상에 그대로 적힌다니, 그 집이 없어지지 않고는 계속 따라다니게 되는 것이다. 이혼을 할 만한 상황에서 부동산을 공동명의로 있는 것이 거부감이 크니, 대다수는 팔고 현금 분할하는 것이 보편적이다.

양육비의 경우, 부모의 자산과 경제적인 벌이를 정확하게 산정하고 최대한 일시지급으로 받는 것이 유리하다. 대한민국에서 비양육자가 양육비를 지급하는 경우가 20%밖에 되지 않는다고 한다. 아이가 성인이 될 때까지 꾸준히 양육비를 받을 수 있다고 생각하는 것은 안일하다. 이혼에 이른 부부는 서로에게 좋지 않은 감정을 가질 가능성이 크고, 양육비를 아이의 복지에 사용하지 않고 양육자의 욕심을 채우는 것에 사용한다고 생각하는 비양육자도 많다.

"비록 이혼이야 하지만, 전남편이 아이를 많이 사랑해요. 양육비를 안 줄 것 같지는 않아요"라고 말하는 사람도 있다. 이들 중 몇 명은 2~3년 이내에 전남편이 양육비를 지급하지 않는다고 글을 쓰기도 한다. 나도 약속한 양육비 전부를 받지 못하고 있다. 아는 사람은 전남편이 약속된 양육비의 절반만 보낸다고 한다. 대한민국 이혼가정에서 양육비를 지급받는 게 얼마나 어려운 일인지 통계만 봐도 알 수 있다. 물론 양육비이행관리원이라는 제도가 있지만, 이 제도를 통해 받아내는 것도 쉽지 않고, 거기에서 오는 스트레스도 상당하다. 이혼에 이르기까지 다양한 사유가 있는 것처럼 재산을 분할하고 양육비를 받는 방법도 무척 다양하고, 심지어 제대로 나누거나 지급하지 않는 사람도 많은 것을 기억해야 한다.

이혼하는 마당에 돈까지 얽혀서 시간을 보내는 것이 싫을 수 있지만, 그 시간은 잠깐이다. 하지만 양육비는 아이가 성인이 될 때까지 십수 년을 받아야 한다. 싫은 감정을 내려놓고 후회하지 않게 본인에게 최고의 계산을 하면 좋겠다. 필요하다면 변호사나 세무사의 자문을 거치는 것이 좋다. 당장은 상담비가 아깝다고 생각될 수 있지만, 거기서 얻는 것이 나와 아이의 인생을 바꿀 수도 있다. 돈만큼 더럽고 치사한 것도 없지만, 돈만큼 세상을 살아가는 데 필요한 것도 없다. 돈으로 아이를 키운다는 시절이 아닌가?

여자 혼자 사는 삶은 대부분 혼자 해결해야 하고, 부딪혀야 하는 편견도 만만치 않다. 그때 가장 위안이 되는 것은 통장 속의 잔액이다. 그 잔액이 마중물이 되어 자산을 증식시킬 수 있다. 전 배우자와 그만 얽히고 싶은 마음에 아이를 데리고 몸만 나오는 일은 절대 하면 안 된다. 여러 번 강조해야 할 만큼 중요하다. 이혼 후 남은 계산을 철저히 하여 아이와 나를 위해 사용해야 한다. 여자 혼자 아이와 둘이 사는 삶에서 억울한 일을 겪지 않으려면 통장이 두둑해야 함을 기억해야 한다. 이혼하는 남자들에게 말하고 싶다. 사랑했던 전 아내와 아이들에게 돌아갈 돈을 아까워하지 마라. 한때는 죽도록 사랑했던 사람이 아닌가? 당신이 가진 것을 모두 주어도 전 아내와 아이가 걱정 없이 살기에는 부족하다. 혼자서는 아무렇게 살아도 괜찮지만, 아이와 함께 사는 삶은 일정 수준 이상을 유지해야 아이가 불행해지지 않는다.

눈물은 그만! 플랜C까지 꼼꼼하게!

우리가 걱정하는 것의 90%는 결국 상상만으로 끝난다고 한다. 그러니 걱정하느라 시간을 헛되이 보내는 것은 좋지 않은 선택이라고 말한다. 하지만 나는 평소 최악의 상황까지 가정하는 편이다. 긍정적인 성격이라도, 무언가를 선택할 때 최악의 상황까지 가정해 대비해 두면 그렇게 든든할 수가 없다. 근거 없는 낙천주의자가 아니라, 근거 있는 현실주의자인 것이다. 걱정의 90%는 상상으로만 끝난다는 말처럼 걱정했던 것이 그대로 현실화한 경우는 지금까지 없었다. 이혼했어도 최악의 상황은 여전히 일어나지 않았고, 그 상황보다 덜한 상황에 부닥쳐있을 때는 평정심을 유지할 수 있었다.

플랜A는 원래 계획했던 것, 플랜B는 플랜A가 실패했을 때를 가정한 계획, 그리고 플랜C는 플랜B조차 되지 않았을 때의 차선책을 말한다. 어떤 일을 하기 전 미리 두 가지의 안전장치를 거는 것이다. 평소 플랜C까지 가정하는 것을 좋아한다. 필요하다면 플랜D, 플랜E까지도 준비한다. 무슨 일을 시작하기 전 빈 공책을 꺼내고 일어날 수 있는 최악의 상황까지 가정하고 해결 방법을 세워보는 것이다. 성년 이후 부모님과 오랫동안 떨어져 살고, 무슨 일이 생겼을 때 혼자 처리하던 것이 여러 상황을 가정하는 습관으로 자리 잡았다. 이 과정을 거치면 불안했던 마음이 진정된다. 최악의 상황이 발생하더라도 상황을 컨트롤 할 수 있다는 점이 불안감을 낮추고 자신감을 준다. 뿐만 아니라 멈추어야 할 때를 알 수 있다는 장점도 있다.

이혼은 내 인생의 플랜A,B,C에서는 없던 상황이었다. 상상하지 못했던 일이라 눈물이 하염없이 흘렸다. 나 하나 추스르는 것도 힘이 들었는데, 아이가 깨어있는 시간에는 티 내지 않고 웃고 지내려니 반작용으로 밤만 되면 눈물이 계속 났다. 이혼을 결심한 뒤 낮에는 힘을 냈지만, 밤이 되고 아이가 잠이 들면 알 수 없는 허탈함과 자괴감으로 한참을 괴로워했다. 하지만 똑같은 삶의 패턴이 다시 일어날 힘을 주었다. 특히 복직과 전근을 선택하고, 사회의 구성원으로 억지로 살아갔던 것이 회복의 속도를 빠르게 했다. 오히려 휴직상태로 이혼했다면, 더 회복하기 힘들었을 것이다.

15년을 유지한 습관이 관성처럼 다시 계획을 짜게 했다. 백지를 꺼내 일어날 수 있는 가장 최악의 상황까지 가정했다.

PLAN	상황	계획
A	전출 ○ 재산 ○	이사할 집 구하기, 전출 일에 맞추어 이사하기
B	전출 × 재산 ○	이사할 집 구하기 또는 이사협의, 다음 전출까지 출퇴근하기
C	전출 ○ 재산 ×	고향에서 출퇴근하기, 재산 분할이행소송 또는 전남편 압박
D	전출 × 재산 ×	기존 신혼집에서 계속 생활, 재산분할 이행압박

계획을 세워보니 걱정했던 것보다 상황이 좋았다. 어떤 상황이든 대처할 수 있을 것 같았다. 전출하지 못해도 까짓것 출퇴근하면 되었고, 재산분할을 이행하지 않으면 압박할 수 있었다. 이미 재산분할을 하기로 한 신혼집에 근저당을 설정하였기에 말도 안 되는 상황이면 경매를 신청해도 되었다. 당시에 부동산 지식이 얕아 경매를 신청한다는 것도 무서웠지만, 최소한의 안전장치는 하고 있다는 생각에 마음이 편해졌다.

최악의 상황은 플랜C였지만, 신혼집을 근저당 설정해둔 상황이라 C나 D의 상황에 부닥칠 가능성은 극히 낮았다. 그래서 A와 B의 상황을 조금 더 구체적으로 대비했다.

A	고향에 이사 갈 집 구하기(대출 포함 N억까지), 집과 학교는 근처일 것 5~6월 아파트 및 부동산 관련 서적 3권 읽기 7~8월 비수기에 아파트 투어하기 9월 이내 이사 갈 집 계약, 유치원과 어린이집에 대기 걸기 10월 이삿짐센터 계약 12월 이사하기

B	고향 또는 회사 근처 이사 갈 집 구하기
	고향에 구할 때 매수를 위주로 생각하기
	회사 근처로 이사하면 단기 전세로 구하기
	(회사 근처 이사 시 현재 다니는 어린이집을 유지 가능)
	(고향 근처로 이사 시 9월 이내 유치원 상담 및 어린이집 대기 걸기)
	여의치 않으면 재산분할 후 월세를 전남편에게 제공하며 계약하기

A와 B에서 컨트롤 할 수 없는 상황은 아이의 유치원이나 어린이집 밖에 없었다. 하지만 한부모 가정은 어떤 혜택이 있다고 하니 방법을 찾을 수 있을 것 같았다. 예측할 수 있는 삶은 안정감을 준다. 타임라인에 맞추어 하나씩 해결하기면 하면 되는 것이었다. 재산분할뿐만 아니라 양육비도 동일하게 플랜C까지 가정했다.

A	양육비 O	문제없음. 이행 독려할 것
B	양육비 X	2개월 이상 양육비 미지급 시 양육비이행강제원에 지급 신청할 것. 전남편이 소유하고 있는 자산 체크, 만약을 위하여 주소 및 주민등록번호 체크
C	양육비 X	미지급이라도 특별한 연락하지 않을 것. 양육비를 오랜 기간 지급하지 않을 때 차후 성본 변경이나 혹여나 있을 친양자입양에 유리함

이혼한 지 7년이 지난 지금 양육비의 경우 완벽하지는 않지만, A에 가깝게 받고 있다. 하지만 언제 B의 상황이 생길지 몰라 기타 자료들은 모두 가지고 있다. 혹여나 양육비를 미지급하는 경우 빠르게 양육비 이행을 요구하기 위해서다.

마음을 나누던 동료가 싱글맘이 되었다. 숨조차 쉬기 힘들 정도의 심리적인 고통으로 눈물을 흘리던 모습을 많이 보았다. 하지만 우리는 함께 똑같은 일상을 반복하고 여러 상황을 가정하여 시뮬레이션 했다. 자신에게 확신이 없거나 불안함이 치밀어 올 때는 동료의 가족들도 함께 백지에 플랜C의 상황까지 가정하여 적어나갔다. 동료는 그 과정을 통해 본인과 아이들에게 가장 괜찮은 방법을 결정할 수 있었다. 그리고 용기 내어 결정을 실천했다. 직장동료는 싱글맘이 된 후 가장 큰 선택을 가장 현명하게 해내었다. 플랜B와 C를 계획하는 것의 장점을 잘 발휘한 것이다.

대다수는 새로운 일을 마주할 때 긴장과 불안함으로 원활하게 일을 진행하기가 어려운 경우가 많다. 특히 싱글맘이 되는 시기에는 더 혼란스러울 것이다. 자신을 추스르기도 힘든데, 아이까지 함께 추슬러야 한다. 싱글맘이 된다는 것은 나와 아이를 온전히 홀로 책임져야 한다는 무게감을 떠안는 일이다. 많은 정보가 들려올 것이고, 갑자기 혼자 계속 무언가를 결정해야 한다. 버겁고 견디기 힘들 수도 있다. 겪으면 안 될 일을 겪었으니, 이성을 유지하는 것만으로도 잘하고 있다며 칭찬받아야 한다. 하지만 세상이 나의 사정을 기다려주지 않기에 스스로 계획을 하고, 하나씩 해보는 것이 좋다. 경험을 바탕으로 플랜B까지는 가정해보는 것이 좋았다.

내가 했던 방법들이 가장 나은 방법이라고 생각하지는 않는다. 하지만 싱글맘이 되어 흔들리고 괴롭고 불안할 때, 초조한 싱글맘에게 이 방법이 도움 될 것이라는 확신이 있다. 여러 상황을 가정하여 미래를 예측할 수 있고 컨트롤 할 수 있다는 것은 불안감 해소에 도움이 된다. 최소한 불안과 우울에 짓눌려 잘못된 선택을 하는 것을 방지할 수 있다. '이미 다 아는 사실을 굳이 저렇게 적어 봐야 해?'라고 생각할 수도 있다. 하지만 다 아는 사실이라도 백지를 꺼내고 적어 보면 마음이 정리되고 불안함도 가시며, 앞으로 해야 할 일을 더 명쾌히 알 수 있다. 시간도 오래 걸리지 않는다. 해본다고 손해 볼 것은 없지 않나?

목구멍이 포도청이라고 하더니

아이를 어린이집 차에 태워 보낸 후 뷰가 좋은 커피숍에서 콜드브루 한잔하는 우아한 엄마. 그게 나의 꿈이었던 시절이 있었다. 피부과에서 탄력 관리를 받고 깐 달걀처럼 매끈하고 탱탱한 피부를 자랑하는 젊줌마(젊은 아줌마)로 살아가는 것을 생생히 그려보던 때도 있었다. 잘나가는 남편이 열렬히 아내를 사랑해서, 아내의 자기 계발과 관리를 위한 돈을 아낌없이 쓰는 것을 꿈꿔오는 나와 같은 아줌마들이 적지 않을 것이다. 주변에 그런 엄마들을 보면 얼마나 부러운지 모른다. 프러포즈를 할 때 우아한 사모님으로 살게 해주겠다던 그는 빅엿(?)을 먹이고 떠났고, 나는 사회의 톱니바퀴로 개미처럼 땀 흘려 일하고 있다.

"엄마는 커서 뭐가 되고 싶어?"

"엄마는 커서 백수가 되고 싶어."

"백수가 뭐야?"

"백수는 일하지 않고 놀고 쉬는 사람이야."

나의 꿈은 옛날에도 지금도 백수다. 커피 한잔 마시고 소파에 누워 좋아하는 드라마를 시청하다 낮잠을 자고 싶을 때 자는 백수. 생각만 해도 행복하다. 백수로 살기 위해서는 한 달에 얼마 정도가 필요할까? 계산기를 두드려보기도 한다. 관리비, 교육비, 식비…. 숨만 쉬어도 생각보다 지출되는 금액이 많다. 백수로 사는 꿈은 정말이지 이루기 힘든 큰 꿈이다.

앙드레 코스톨라니는 단기간에 부자가 되는 방법을 이렇게 말했다. '첫째, 부유한 배우자를 만난다. 둘째, 유망한 사업 아이템을 갖는다. 셋째, 투자한다.'

부유한 배우자를 손절했고, 유망한 사업 아이템도 없었고, 투자에는 초보였다. 아무것도 모르는 나는 목구멍이 포도청이라 열심히 일해야 하는 노동자다. 다시 싱글이 되었으니, 언젠가 부유한 배우자를 만나면, 또 우아한 아줌마가 될 수도 있을지 모르겠다.

"선배님, 어떻게 정년까지 일할 수 있을까요? 저는 당장 40살까지 일할 수 있을지 모르겠어요. 너무 막막하고 어렵다는 생각이 들어요."

"야, 40살 되어봐. 그때는 또 일할 수밖에 없는 이유가 생겨. 또 정년 되어봐. 그만둘 수 없는 이유가 생긴다? 깊이 생각하지 말고 우리 나이에 일할 수 있는 것에 감사하자."

일은 적성과 맞지 않았다. 그만두고 다른 공부를 해야 할지 고민도 하고, 여러 가지 방법을 찾기도 했다. 미혼 시절 적성에 맞지 않는다고 옆자리에 앉은 선배에게 토로한 적이 있다. 선배는 그만두고 싶어도 그만 못 둔다고 했다. 지금은 박봉이라도 시간이 지나면 연봉이 점점 올라가니 연봉 오르는 소소한 재미도 있다고 했다. 아이들이 커 가고 점점 더 먹고 점점 더 학원비가 들어서 그만두라고 할까 봐 무서워진다고 했다. 그때는 선배의 말을 이해할 수 없었다. 천지신명이 도와 퇴직을 하지 않고 휴직을 선택했던 나는 다시 회사로 복직할 수 있었다. 이제야 선배의 말이 생생하게 와닿았다. 그만둘 수 없는 이유가 생긴 것이다. 목구멍이 포도청이었으니까. 40살까지도 일하기 힘들 것 같다고 말했던 나도 내년이면 40살이다.

세상이 어찌나 빠르게 달라졌는지, 복직하고 나니 시스템이 전부 바뀌었다. 경력은 7년인데 아무것도 모르는 신입이 되었다. 실수도 많이 했다. 사람들은 7년 차 능숙한 회사원을 바랐지만, 늙은 신입과도 같았다. 분명 휴직 전에는 일을 잘한다고 칭찬받았는데, 실수가 많으니 자존감이 떨어졌다. 실수를 곱씹으며 자책하기도 하고, 예의 없는 태도를 보이는 업무관련자에게 화가 나기도 했다. '직장생활이 다 그런 거지 뭐' 하면서도 슬펐다. 그러다 복직 후 첫 급여 날 우울하고 화났던 마음이 눈 녹듯이 다 녹았고, 순식간에 마음은 꽃밭이 되었다. 오랜만에 내 이름으로 받은 급여를 보니 정말 좋았다. 급여 받는 직장인들은 급여에 중독되어 회사를 떠날 수 없다고 한다. 크게 공감한다.

휴직 전 혼자 벌어 둘이 살기 힘들겠다고 생각했다. 하지만 복직 후 받은 급여는 '둘이 살기 괜찮겠는데'라고 생각을 바꾸게 했다. 최저시급이 오름에 따라 급여도 어느새 올랐던 것이다. 연봉 계산기를 열심히 돌려가며 앞으로 정년까지 일한다면 퇴직할 때 얼마를 모을 수 있고, 퇴직 시점 연봉은 어떻게 되는지를 따져보며 속으로 킬킬대고 웃었다. 이거 생각보다 괜찮은데? 라는 생각이 들었다. 물론 정년까지 일한다면 말이다.

사람 마음이 이렇게 간사하다. 적성에 맞지 않아 그만두고 싶다고 노래를 불렀던 직장은 싱글맘이 된 후 소중하고 고마운 곳이었다. 직장에 소속되어있으니 대출받기도 쉬웠고, 매달 들어오는 급여가 또 다른 안정감을 주었다. 물론 고질적인 성향으로 정년을 채우지 못하고 퇴직할 경우를 가정해 플랜B, 플랜C도 만들어 두었다.

대한민국에서 싱글맘이 직장생활을 하기는 쉽지 않다. 싱글맘인 것을 직장동료들이 알게 된다면 이점보다 단점이 더 많을 수도 있고, 사회 구조상 아직 30~40대 여자가 직장생활 하기 어려운 구조다. 특히 경단녀의 경우는 더하다. 2년 이상의 공백이 있으면 재취업하기가 무척 어려워진다. 모두가 알고 있는 사실이지만, 그 사회를 탓해도 답은 없다. 목구멍이 포도청인 건 이 사회가 아니라 나이기 때문이다. 싱글맘으로 아이를 키우며, 공존할 수 있는 직장을 구해야 한다. 서러운 일도 많을 것이고, 화가 나는 일도 많을 것이다.

복직 후 급여담당자가 배우자에 대해 집요하게 물었다. 가족수당

여부를 해마다 조사해야 한다며 급여담당자는 가족 사항에 대해 사생활 침해에 가깝다는 생각이 들 정도로 물었다. 가족수당을 받지 않겠다고 해도 집요했다. 악의는 없었을 것이다. 담당자는 본인의 일을 충실히 했을 뿐인데, 나는 셀프로 상처 입고 울었다. 아주 많은 스트레스를 받았다. 한번은 싱글맘이라서 이렇게 편하게 이야기하는 것인가 하는 생각이 들 때도 있었다. 남편 없다고 무시하는 건가? 하는 생각 말이다. 그래도 어찌할 도리는 없었다. 집에 오면 제비 새끼처럼 입에 맛있는 간식을 넣어달라고 기다리는 아이가 있으니까. 개미처럼 일해서 아이의 입에 베스킨라빈스 아이스크림도 물려주고, 샤인머스캣도 입에 넣어주고 싶었다.

혼자였다면 굳이 복직했을까 하는 생각이 든다. 부모님 그늘에 백수처럼 충분히 뒹굴뒹굴하다가 모아둔 돈을 쓰고 위기감이 들 때쯤 일자리를 구하려 했을 것이다. 그렇다면 더 늦은 나이에 일할 수 있는 곳은 거의 없었으리라. 간신히 구한 일자리에서 서운함을 느끼거나 화가 난다면 참지 못하고 그만두지 않았을까? 하지만 아이가 있고, 아이에게 안정감을 주고, 나도 안정감을 가지기 위해 오늘도 힘을 내어 개미처럼 일한다. 아이 때문에 적성에 맞지 않는 일이라도 어느 순간 적성에 맞는 일이 되는 경험을 하게 된다. 적성이라는 것은 우습게도 상황 따라 달라졌다. 그러니 어떤 일이든 나와 아이에게 안정감을 주는 직장을 구해서 꾸준히 다니는 것이 중요하다. 성실하게 일을 하게 되면, 그 모습 역시 아이에게 본보기가 될 수 있다.

아이는 엄마가 출근하는 것을 좋아한다. 친구들에게 엄마가 일하는 사람이라고 자랑하기도 한다. 예전과 다르게 일하는 엄마를 아이들은 자랑스러워한다.

평생 쉬지도 못하고 벌 수밖에 없는 인생이라고 슬퍼하기도 했다. 하지만 목구멍이 포도청이면 또 어떤가? 누군가의 도움 없이 스스로 번 돈으로 스스로 삶을 꾸려나가는 것이 진정한 어른의 삶이 아닌가? 자신의 힘으로 나를 책임지고 내 아이를 책임지는 것은 무척이나 값지고 귀한 삶이다. 일할 수밖에 없는 상황이 오히려 나의 삶을 지켜줄 것이다. 일정하게 들어오는 급여가 자존감을 지켜주며, 가정에 안정감을 주고, 미래를 볼 수 있는 토대가 된다. 물론 아직도 나의 꿈은 백수다. 하지만 내가 벌어 내가 소비하는 삶은 생각보다 즐겁고 기쁘다.

이모님! 이모님! 나의 이모님!

독박육아라고 검색해본 적 있는가? 일반적으로 독박육아는 부부 중 한 명이 다른 사람의 도움 없이 혼자 어린아이를 키우는 것을 말한다. 독박육아라고 검색하면 우울증, 고통, 불만, 독박벌이, 심지어 이혼 등의 키워드가 함께 따라온다. 이 단어는 육아로 인한 고통을 토로하는 것에 가깝다. 그만큼 힘들고 어렵다는 것을 키워드를 통해서 알 수 있다. 그렇다면 독박벌이에 대해서는 들어본 적 있는가? 전업주부가 독박육아라고 표현을 하는 것에 거부감을 느낀 외벌이 남편들이 독박벌이라는 용어를 만들어 냈다. 부부의 어려움을 중재하고 해결하려고 하는 취지로 만들어진 TV 프로그램 「결혼 지옥」에서 아내가 독박육아와 독박벌이를 하는 가정이 나왔다. 상담가가 제시한 솔루션은 졸혼이었다. 그만큼 독박육아와 독박벌이 자체의 난도가 엄청나게 높다는 것이다. 둘 다 우열을 가릴 수 없이 힘들다. 그런데 싱글맘의 기본 세팅은 독박육아와 독박벌이 아닌가? 싱글맘은 졸혼으로 탈출할 수도 없다. 슬프지만 현실이다.

싱글맘이 되면 육아, 가사, 직장 일을 모두 도맡아야 한다. 맞벌이 부부 중에서도 육아, 가사, 직장 일 모두 여자가 하는 경우도 꽤 있지만, 맞벌이와 싱글맘은 무게감이 다르다. 맞벌이의 경우 부부 중 누구 한 사람이 도울 수 있지만, 싱글맘이 되면 도와줄 사람은 아무도 없다. 나의 싱글맘 데뷔도 그랬다. 아이는 어렸고, 복직한 나는 신입사원과도 같았고, 어린아이는 끊임없이 집을 어질렀다. 심지어 아이는 아토피와 알러지가 심해서 밤마다 2시간에 한 번씩 깨어 올 정도로 난도가 높은 현실육아였다. 의사 선생님은 아이의 알러지 호전을 위해 식이 제한이 필요하다고 하셨고, 매일 아침 아이의 도시락을 싸야 했다. 친정 부모님은 고향에서 활발하게 경제활동을 하셔서 도움을 받을 수 없었다. 눈뜨자마자 아이의 알러지 도시락 준비로 하루를 시작하며 어질러진 집은 잠자리에 들 때까지 폭탄 맞은 집과도 같았다. 조금 더 애를 쓴다면 깨끗함을 유지할 수 있었겠지만, 치울 수 있는 심적 여유가 없었다. 로봇청소기는 바닥에 있는 아이의 장난감으로 무용지물이었고, 설거지는 간신히 식기세척기의 도움을 받아 밀리지 않았다. 퇴근 후 저녁 준비와 설거지, 아이의 장난감을 정리하고 있으면, 몸속 깊은 곳 어딘가 고갈되는 것 같았다.

육아, 가사, 직장 셋 다 병행하기에는 심리적, 체력적으로 무리가 있었다. 정신건강과 체력을 위해서라도 집안일을 포기하기로 했다. 감사하게도 남편 없는 삶은 자유로워 치우지 않아도 눈치 볼 사람이 없었다. 아이는 어질러진 집도 아무렇지 않았고, 어질러진 집을 탐험하는 것을 더 좋아했다. 하지만 누구나 퇴근 후 깔끔한 집에서 쉬고 싶지 않은가? 삶의 질을 위하여 급여 일부를 떼어 이모님을 섭외하기로 했다. 이모님을 구하려고 여기저기 수소문할 때 직장 선배가 말했다.

"야, 이모님 오시는 날은 더 바빠. 너무 정신없는 상태로 오시면 부끄러워서 아침에 진짜 급하게 치우고 나와. 잘 생각해봐. 더 바쁘다? 차라리 그냥 더러운 채로 조금 견디다 보면 애가 커."

하지만 부끄러움은 문제가 아니었다. 어차피 그의 고향에 오래 살 생각이 없었고, '까짓것 욕하면 어때, 우선 나부터 살고 보자' 하는 생각이 컸다. 지금은 가사도우미 이모님을 찾을 수 있는 여러 플랫폼이 많지만, 내가 사는 지역에는 알음알음 입소문을 통해 모시거나, YWCA같이 가사서비스를 하는 곳을 거쳐야 했다. 빨래와 설거지까지는 혼자 할 수 있었다. 필요한 것은 화장실 청소 같이 정신적 육체적 에너지가 많이 필요한 곳, 창틀같이 신경 쓰지 않으면 못 치우는 곳, 그리고 물건 정리였다. 신혼집에 그대로 살고 있어서 그의 흔적이 남아있었고, 유물처럼 여러 물건이 뽀얗게 먼지가 쌓여있었다. 왠지 곰팡이가 생길 것만 같았다. 그와 관련된 물건은 먼지가 쌓여도 손대기 싫었다. 그저 퇴근하고 정리와 청소에 매달리는 것이 아니라, 소파에 누워 쉬고 재충전하고 아이에게 웃어주는 엄마가 되고 싶었다.

YWCA는 최소 일주일에 한 번 꾸준하게 이용해야 했고, 라이프스타일에 필요한 건 이 주일에 한 번 방문하는 이모님이었다. 직장동료의 소개를 받아 내 또래의 이모님을 섭외했다. 이모님은 신혼집에서 10분 거리에 살고 계셨고, 아이가 등원할 때 알바 삼아 정리를 도와주신다고 했다. 이모님의 첫 출근 전 청소도구들을 사고, 아일랜드 식탁 위에 최우선 청소순위를 써두고 출근했다. 이모님은 처음 출근하신 날 3시간 연장근무를 하셔야 했다. 그의 물건들을 깨끗하게 정리하는 데 그만큼의 시간이 걸렸다. 청소가 끝난 후 사진들을 전송해주셨고, 사진을 받은 뒤 감탄했다.

퇴근하고 집으로 돌아가던 길 기대감으로 설렜다. 문을 열고 들어가는데 "따라 따~"하고 러브하우스의 배경음악 귀에 맴돌았다. 집이 너무 깨끗했다. '바로 이거야' 하고 콧노래가 절로 나왔다. 지금 가장 필요한 것은 이모님이셨다. 우렁각시 이모님 말이다.

17년 당시 이모님은 4시간 근무 시급 1만 원을 지급하는 조건으로 2주에 한 번 방문하여 청소를 도와주셨다. 평소보다 집안 상태가 좋지 않을 경우는 연장근무를 해야 한다고 말씀하셨다. 청소상태가 아주 마음에 들어서 시급을 조절해 드리기도 했다. 주로 방마다 청소기를 돌리고 물걸레질하신 뒤 화장실 두 곳을 치우면 퇴근하실 시간이었다. 한 달에 두 번 많으면 세 번, 금액으로 따지면 8~12만 원으로 집안일에 자유를 얻었다.

아이의 도시락을 만드는 것도 지쳐 내가 먹는 것은 반찬 배달 서비스를 이용했다. 직장 근처에 여성 취업사업으로 반찬 만들기를 시범 운영하고 있어 밑반찬 3종, 국 1종에 만 원이라는 파격가에 반찬 배달 서비스를 이용할 수 있었다. 일주일 두 번의 반찬 배달 역시 가사 강도를 엄청나게 줄여주었다. 주말에는 한 번씩 엄마와 아빠가 오셔서 아이를 데리고 바람을 쐬러 나가기도 하고, 기분전환을 하러 다녀오라며 개인 시간을 만들어 주시기도 했다.

평소 아끼는 소비 습관에 대해 이야기하셨던 엄마지만, 가사도우미 이모님을 모신 것과 반찬 배달을 선택한 것은 잘한 선택이라고 말해주셨다. 한정된 급여로 가사도우미 서비스와 반찬을 사서 먹는 것에 대한 거부감도 있었지만, 엄마의 말씀에 마음이 가벼워졌다. 아이는 생각보다 더 빠르게 자랐고, 이제는 자신의 물건을 정리할 수 있는 정도로 컸다. 아이의 성장은 집안일을 줄여준다.

이모님과 반찬 배달에 내는 비용보다 얻는 심리적, 정신적인 가치가 훨씬 컸다. 이모님의 도움과 반찬 배달을 통해 집안일의 스트레스를 대폭 줄이고, 한 번씩 반차를 쓰고 나를 돌보았다. 피곤한 날에는 마사지를 받기도 하고, 커피숍에서 책을 읽기도 했다. 울적한 날은 근교로 드라이브를 다녀오기도 했다. 그렇게 재충전하고 돌아오면 아이를 맞이하는 내 얼굴도 환하게 빛났다.

'빨리 가려면 혼자 가고, 멀리 가려면 함께 가라'는 말이 있다. 싱글맘의 삶도 그와 같다. 아이가 성인이 되어 품에서 떠나보낼 때까지 길이 참 멀다. 멀리 가려면 함께 가야 한다. 혼자 전전긍긍하여 다

짊어지려고 하면 어딘가는 잘못되기 마련이다. 누군가의 도움을 받아야 한다. 그게 나처럼 이모님이 되었든, 부모님이 되었든 누가 되든 상관없다. 싱글맘도 사람이니 휴식도 자기만의 시간도 꼭 필요하다. 특히 싱글맘은 독박벌이, 독박육아의 삶이기에 스트레스 관리가 중요하다. 과도한 스트레스는 일의 능률을 떨어뜨리고, 아이에게 날카롭게 대할 확률도 크다. 피로로 인해 아이에게 짜증을 내거나 화를 내면 그만큼 다시 자괴감으로 돌아오게 된다. 악순환의 고리에 빠지는 것이다.

도움을 받을 수 없는 상황이라면 제도권 내에서 개인의 시간을 확보하는 것이 좋다. 예를 들면 유치원이나 어린이집 방과 후 프로그램, 초등학교 돌봄 교실의 하교 시간을 퇴근 시간보다 한 시간가량 미루어 본인의 시간을 확보하는 것이다. 학원을 이용하는 것도 괜찮다. 아이가 클수록 개인 시간을 확보하기는 쉬워진다. 아이가 혼자 있을 수 있는 시간도 생기기 때문이다. 그때까지 약간의 융통성을 발휘하여 엄마가 숨을 쉴 수 있는 숨구멍을 만들어 보는 건 어떨까?

아빠가 오면 우는 아이

TV 속에서 부모의 이혼으로 엄마와 사는 아이가 아빠를 무척 기다리는 장면을 많이 볼 수 있다. 면접을 기대하는 아빠와 아이는 마치 이산가족 상봉이라도 하듯 서로를 부둥켜안으며 만난다. 맛있는 것을 먹고 즐거운 놀이를 하거나 여행을 떠나 추억을 쌓기도 한다. 헤어질 때 아쉬워 몇 번이나 뒤를 돌아보기도 하는 장면은 흔하다. "보고 싶으면 언제든지 연락해. 네가 보고 싶다고 하면 아빠는 언제든 달려갈게" 하는 멘트는 아빠의 단골 대사다. 아빠를 유독 그리워하고 기다리는 아이와 아이를 보고 눈물짓는 아빠의 관계를 보면, 부부의 이혼이 아이에게 얼마나 큰 상처인지 다시금 알게 된다. 저렇게 부자 사이가 애틋하면 부부가 다시 합쳐서 사는 것도 나쁘지 않겠다는 생각이 들 때도 있다.

전남편은 아이를 무척이나 좋아하는 아빠였다. 물론 자기 아이 싫어하는 아빠는 드물겠지만, 주변 아빠들에 비교해볼 때 육아의 참여도도 높은 편이었고, 아이와 함께하는 시간을 즐기는 편이었다. 아빠가 아이를 좋아하자 아이도 아빠를 무척 따랐다. 유아기의 아이들은 엄마와 많은 시간을 보내는 만큼 엄마 껌딱지가 되는 경우가 많았는데, 우리 집의 경우 아빠와 함께 보내는 시간이 많아서 엄마 껌딱지만은 아니었다. 그래서 이혼 후 면접이 이루어지면 드라마에서 보던 장면처럼 애틋하겠다고 생각했다.

　나만 생각하면 아이가 아빠와 면접하는 것이 불편했다. 악다구니를 하며 헤어지거나 원수 같은 관계는 되지 않았지만, 그가 일방적인 상처를 주었다는 생각에 얼굴을 보기가 껄끄럽고 싫었기 때문이다. 엄청난 피해를 주고 손절한 그가 아이에게 살갑고 다정하게 대한다는 것은 가식적으로 느껴지기도 했다. 나는 그가 면접하는 것이 싫었지만, 아이의 정서를 위해 주기적이고 규칙적인 면접이 필요하다는 것은 알고 있었다. 면접하는 과정에 동행할 필요는 없고 아이를 그에게 인계하는 순간의 불편함을 참으면 될 것으로 생각했다. 이혼하는 과정에서 아이 앞에서 큰 소리로 싸우거나 다툰 모습을 보인 적은 없었던지라, 아이의 정서가 달라졌다고 느낀 적은 없다. 아이는 잘 웃고, 잘 먹고, 단지 아토피로 얕은 잠을 잘 뿐이었다. 면접을 해야 한다면, 그 시간 동안 나를 돌보기로 했다. 아빠를 따르던 아이라 현관문 앞에서 아이를 보내고 1박 2일 호캉스를 떠나면 좋겠다고 상상했다. 꾸준한 면접 교섭은 어쩌면 아이의 복지와 엄마의 복지 둘 다 누릴 기회라고 생각하기로 했다.

이혼 당시 일주일에 한 번 1박 2일로 꾸준히 아이를 면접하기로 하였다. 나는 일주일에 한 번 면접하는 것이 지켜지기 어려울 것 같아 2주에 한 번을 주장했다. 그는 본인이 아이를 얼마나 사랑하는지, 얼마나 보고 싶어 할지를 들어 꼭 일주일에 한 번씩 만나야겠다고 하였다. 막상 첫 면접 교섭일이 되자 그는 일을 핑계로 오지 않았다. 아이를 만나기로 한 약속보다 부모님이 시키는 일이 중요했던 것이다. 어찌 보면 아이보다는 본인의 생계가 더 중요한 것은 당연하다. 예측하지 못한 것은 아니었다. 결혼생활을 할 때도 우리 가족보다는 부모님과의 일이 더 중요했기 때문이다. 물론 가족이 살아가려면 일이 안정적이어야 했지만 말이다. 앞으로 면접 교섭이 잘 이행되기는 힘들겠다는 생각이 들었다.

약 3주가 지나고 첫 면접 교섭을 하기로 했다. 아빠와 맛있는 것도 먹고, 키즈카페도 갈 수 있고 재밌게 놀다 오면 된다고 여러 차례 이야기해주었다. 잠은 할머니 집에서 잘 거라고 알려줬다. 도어락 비밀번호를 누르며 들어오던 그가 이제는 현관문 밖에서 초인종을 눌러야 했다. 아이와 함께 현관문 밖으로 나와 아무렇지 않게 그와 인사를 하고, 아이와 재밌게 놀고 오라며 아이를 그의 품에 안겨주었다. 익숙한 아빠의 품일 텐데, 아이는 큰 소리로 울었다. 그와 나는 당황했다.

아이를 안고 흔들기도 하고 다독이기도 했으나 울음을 그치지 않았기에, 집안으로 함께 들어왔다. 집안에서의 아이는 울음을 그치고 아무렇지 않아 보였다. 집안에서 그와 나, 그리고 아이 셋이 함께 있는 것은 무척 불편했다. 불과 반년 전만 해도 함께하는 공간은 안정적이고 편했는데, 불편한 공간이 되었다는 생각이 머릿속을 스쳤다. 그도 불편했는지 아이를 데리고 놀이터에 나가보겠다고 했다. 그는 아이를 다독여 안고 놀이터로 나갔고, 5분 뒤 전화가 왔다. 아이가 엄청나게 울고 있다며, 놀이터로 와주면 안 되겠냐는 전화였다.

아이에게 놀이터는 익숙한 공간이었고, 아빠를 오랜만에 만나지만 어색한 사람은 아니었다. 아이는 예전에도 아빠와 단둘이 놀이터를 가거나 다른 장소에 가는 경험이 많았다. 그런데도 이상할 정도로 아이는 악을 쓰며 울었다. 마치 아이의 옆구리를 누가 세게 꼬집는 것처럼 울었다. 그는 옆에서 아이를 달래보려고 진땀을 흘리고 있었다. 내가 아이의 이름을 부르고 다가가자 울음을 그치고 아이가 달려왔다. 그는 아이의 비위를 맞추며 쫓아가고 나는 멀찍이서 또 따라갔다. 무척이나 이질적인 장면이었다. 누가 봐도 이혼한 집이 면접하는 걸 알 수 있었을 것이다. 꿈꾸던 나 홀로 호캉스는 포기해야 했다. 아이를 무척 좋아하던 그는 큰 충격을 받았다. 아이의 반응을 걱정했어야 하는 나는 철없지만 고소하기도 하고 뿌듯하기도 했다. 첫 면접 교섭은 아이의 눈물로 두 시간 만에 끝이 났다.

모르는 사람이 자기를 억지로 데리고 가는 것처럼 울던 아이도 집에서는 가족사진을 찾아보기도 하고, 아빠 이야기를 묻기도 했다. 특히 이 시기의 아이는 본인의 돌잔치 앨범을 마르고 닳도록 보았다. 그는 한 번 더 면접을 시도했지만, 초인종이 울리는 소리를 듣자마자 우는 아이의 목소리를 듣고 돌아갔다. 본인도 덜컥 겁이 났던 것 같다. 이혼하며 엄마 아빠의 다툼을 보여준 적도 없고, 아빠에 대해 나쁜 이야기를 한 적도 없는데, 아이는 왜 그렇게 울었는지 지금도 모르겠다.

아빠가 오면 울었던 아이는 외할머니가 오시면 웃었다. 외할머니 외할아버지가 오셔서 아이를 데리고 놀이터에 가거나, 체험장에 갈 때도 아이는 할머니의 손을 잡고 방싯방싯 웃으며 다녔다. 아이는 본능적으로 아빠와 엄마의 사이가 달라졌다고 느꼈던 것이다. 엄마와 아빠의 달라진 기류에서 불편함을 느끼고, 본능적으로 아빠보다 엄마를 선택했던 것으로 생각된다.

우리 집만 이런 것일까 하는 생각에 다른 이혼자들의 면접에 대해 물었다. 이혼 과정에서 남편과 피가 터지게 싸웠던 친구1의 딸은 아빠를 만나러 가는 날을 고대하고 또 고대한다고 하였다. 아빠가 사정이 생겨 면접하지 못할 때는 우울해한다고 했다. 그래서 1박 2일 하던 면접을 2박 3일로 늘렸다고 했다. 금요일 저녁 아이의 학원에서 아빠가 아이를 픽업해 할머니 집에서 2박 3일을 보내고 월요일 아침에 어린이집으로 등원시킨다고 했다. 친구2는 아이가 아빠를 만나러 가는 것을 좋아하지 않는다고 했다. 친구2의 집도 온 식구가 싸우는 모습을 많이 보고, 아이는 심리상담을 꽤 오랜 시간 동안 지속해야 했다. 아이는 아빠를 만나지 못한다고 아쉬워하지도, 만나러 간다고 들떠 하지도 않는다고 했다. 친구가 토요일 미술 수업에 데리고 가고, 전남편이 오면 본인은 집으로 간다고 했다. 전남편이 아이를 데리고 본인의 집에서 1박 2일 동안 있다가 일요일 축구 수업에 데려가면 친구2가 데리고 온다고 한다. 친구3의 경우 아빠가 면접하지 않는다고 하였다. 이혼 과정에서 부부 사이의 다툼 여부가 아이의 면접 거부와 큰 연관이 있는 것 같지는 않다. 그저 이혼가정마다 면접하는 방법은 제각기 달랐고, 정답이라는 것은 없었다.

　아이는 혼란스러웠을 것이다. 어느 날 아빠는 짐을 싸서 떠났고, 돌아오지 않았다. 말하지는 않았지만, 엄마는 평소와 달랐을 것이다. 아이는 표현하지 못했지만 불안했으리라. 그것이 아빠가 오면 우는 아이로 만들지 않았을까? 나는 계획하고 그대로 실행하는 것을 좋아하는 사람이지만, 이혼 후 아이와 관련된 어느 것도 예측할 수 없었다. 우리 아이처럼 이렇게 울다가 아이도 아빠도 지쳐 종료되는 면접도 있었다. 아이와 관련된 모든 것은 상상 이상의 일도 벌어질 수 있다는 가능성을 열어두어야 했다. 우리 아이의 첫 면접은 울음으로 시작해 울음으로 끝이 났지만, 다른 아이의 첫 면접은 행복한 순간이었으면 좋겠다. 아이는 언제나 행복해야 하니까.

눈물 흘리며 방문한 결혼정보회사

'더 멋진 남잘 만나 꼭 보여줄게. 너보다 행복한 나, 너 없이도 슬프지 않아 무너지지 않아~'

가수 에일리의 노래 「보여줄게」에 나오는 가사다. 이 노래는 이별한 여자들의 많은 공감과 사랑을 받았다.

드라마 속 이별을 겪은 여주인공은 전 남자친구보다 더 멋진 남자를 만나, 전 남자친구와 우연히 마주친다. 이 장면은 정말 흔하고 뻔한 장면이다. 내가 더 잘나가고 성공해서, 이왕이면 너보다 훨씬 잘난 사람을 만나는 모습을 이전에 만난 남자에게 보여주는 것은 속 시원한 복수다. 그래서 치정 드라마에 나오는 단골 클리셰가 아닐까? 똥차 가고 벤츠 온다는 말처럼, 예전 사람보다 더 나은 사람을 만나는 것은 복수의 대표적인 방법인 것 같다.

"아이도 어리고 얼른 새 사람 만나서 새 출발 해보는 것이 어떻겠니? 아이는 성인이 되면 너를 떠나 독립할 거고 너도 의지할 누군가가 필요해."

"엄마, 그놈이 그놈이라는데 이번에 좋은 놈 만날 수 있다고 어떻게 장담해. 그리고 애 딸린 이혼녀가 초혼보다 나은 재혼을 할 수 있다는 보장도 없고."

부부 금슬이 좋은 부모님은 딸의 이혼을 몹시 안타까워하셨다. 재혼하기를 얼마나 바라셨던지, 재혼하기 전에는 편안하게 눈을 못 감을 것이라는 농담도 하셨다. 사위 없다는 소리 듣고는 부끄러워서 눈을 감지 못하신다나? 지금이나 예전이나 다른 사람의 시선을 훨씬 신경 쓰시는 엄마다. 이혼을 한 지 7년이 지난 지금도 잊을만하면 재혼하라고 이야기하신다. 아마 부모님은 결혼에 대한 만족도가 크신 것 같다. 심심찮게 아빠에 대한 칭찬도 많이 하신다. 심지어 아버지는 다시 태어나도 엄마와 결혼하고 싶다고 말씀하신다.

"남자라면 이제 지긋지긋해"라고 말하다가도 '아이를 생각하면 일찍 재혼하는 것이 맞는가?' 하는 생각이 들었다. 시간이 지날수록 아들에게 아빠의 존재가 더 커진다고 하는데, 혼자 그 자리를 채워줄 수 없을 것 같기도 하다. 나와 관련된 선택은 과감하게 할 수 있었지만, 아이와 관련된 선택은 어떤 것이 옳은 것인지 고민을 많이 하게 된다.

혼자 살 수 없는 상황이라면, 누군가를 빠르게 만나 재혼을 선택했을 거다. 하지만 혼자서 아이를 키우고 잘 살 자신이 있어서 부모님의 제안을 거절했다. 남자에 대한 불신도 강했고, 그놈이 그놈이라는

데 또 바람피우는 남자를 만나면 이성에 대한 부정적인 감정이 폭발할 것만 같았다. 집안 사정에 대해 정확하게 말을 하지 않은 전혼을 겪은 뒤 검증이 안 된 사람을 만날 수도 없었다. 더구나 아이가 있었기 때문에 더 신중했고, 안 하느니만 못한 결정은 하지 않아야 했다.

그러던 중 미혼 시절 친하게 지냈던 친구가 결혼한다며 소식을 전해왔다. 이혼한 지 얼마 되지 않은 내 사정을 친구들은 몰랐고, 워낙 친한 친구여서 결혼식에 참석하지 않을 수도 없었다. 친구의 결혼식에 참석하는 김에 맛있는 것도 먹고 기분 전환하자 하는 마음이 들었다. 그날 예쁜 원피스를 입고, 아이와 손을 잡고 친구의 결혼식에 참석했다. 6월에 결혼한 친구는 예뻤고, 하늘은 맑았고 바람이 기분 좋게 살랑였다. 결혼식장 주변은 초록으로 가득했고 싱그러웠다. 행복하게 웃는 친구의 모습을 보니 지금 내 상황이 대비되며 눈물이 찔끔 났다.

'아, 남자가 지긋지긋한 건 둘째치고 너보다 행복한 나를 보여줘야지' 생각했다.

이 이야기를 들은 엄마는 옳다구나 하며 결혼정보회사(이하 '결정사')에 가입시켰다. 3년 만에 돌싱이 되어 다시 결정사에 가입했다. 매니저 말로는 전화로 가입해도 되지만, 직접 만나보면 회원의 특성과 상황에 대해 알고 적당한 사람을 매치해주기도 좋다고 했다.

최초 가입을 위한 상담으로 결정사를 방문했을 때 혼란스러웠다. 왜 결정사를 방문하게 되었는지, 바라는 상대는 누구인지 이야기해야 했다. 그리고 결혼생활에 관한 이야기도 자연스럽게 할 수밖에 없었다. 모르는 사람 앞에서 이런 이야기를 해야 하는 처지가 서러워서 눈물이 나왔다.

'내 인생에 더 이상 결혼은 없다. 남자라면 지긋지긋해. 겨우 탈출했는데 뭐 하러 다시 그 불구덩이에 들어가?!'라는 입장은 아니었지만, 재혼해야겠다는 확신도 없어서 덜컥 걱정되었다. 재혼을 염두에 두고 가입한 사람들과 만나는 것이 괜찮은 건지, 혹여나 떠밀려 결혼이라는 제도로 다시 들어가는 것은 아닌 건지…. 재혼에도 골든타임이 있다고 하는데, 괜히 나 때문에 상대방의 귀한 시간을 낭비하는 것은 아닐까 걱정도 했다. 한참을 고민하니 상담 매니저가 이렇게 말했다.

"그 부분까지 상대방을 고려할 필요는 없어요. 상대방이 결정할 문제이고요. 소영 씨에게도 재혼은 둘째 문제예요. 지금은 검증된 누군가를 만나는 것에 초점을 두는 것이 좋지 않을까요? 소영 씨가 재혼을 해야 해서가 아니라 소영 씨 옆에서 이야기를 들어줄 괜찮은 누군가가 필요해요. 가족이라고 내 마음에 있는 모든 이야기를 할 수 있는 것은 아니에요. 가족이 내 마음속 모든 걸 보듬어 줄 수도 없고요. 이렇게 아직 젊고 예쁜데 혼자 있어야 한다고 생각하는 거예요?"

고심 후 결정사를 통해 누군가를 만나보기로 했다. 아이에게 아빠를 만들어 주어야겠다는 생각보다 자신을 위해 결정했다. 내 인생을 포기하고 아이에게 올인한다면, 아이에게 집착하지 않을 자신도 없었다. 영화 「올가미」도 있지 않은가? 홀어머니가 키운 아들이 결혼하자 며느리를 못살게 구는 스릴러 영화 말이다. 「올가미」는 영화 속 이야기가 아니라 지금도 현실에 있는 이야기다. 엄마가 행복해야 아이가 행복하다고 하는 상투적인 말도 있다. 아이의 일거수일투족에 몰두하기보다, 내가 행복해서 아이에게도 행복을 주고 싶은 엄마가 되기로 했다.

33살의 나이는 재혼 시장에서 무척 어린 나이였다. 또래가 거의 없었다. 오히려 40대가 되면 만날 수 있는 사람이 많았다. 초혼 때보다 고려해야 하는 조건도 많았다. 가볍게 만나봐야지 하고 생각하기에는 아이가 걸렸다. 아이를 생각하면 아무렇게나 결정할 수 없었다.

꽤 오랜 시간이 지난 지금, 상담 매니저님이 해준 말이 맞았구나, 하고 깨닫는다. 다른 것보다 마음에 있는 이야기를 들어줄 사람이 있다는 것은 충만함을 주었다. 재혼을 염두에 두지 않더라도 괜찮은 사람을 만나 다시금 사랑을 하는 것은 또 다른 세상이었다. 지난 사랑은 새로운 사랑으로 흘려보내고, 마음속의 원망도 비워 버릴 수 있게 해준다. 사랑하면 나를 돌볼 수 있고, 예뻐진다. 새로운 에너지도 얻는다. 마음의 위안도 얻을 수도 있다. 혼자서도 재미있는 인생이지만, 둘이면 두 배 재미있는 인생이 생길 가능성이 크다. 누군가를 사랑하고 누군가에게서 사랑을 받는 즐거움을 포기하지 않아서 다행이라는 생각이 든다. '사랑은 무엇보다도 자신을 위한 선물이다'라는 명언처럼 말이다.

몇 안 되는 싱글맘 친구들도 누군가를 만났다. 자연스러운 만남을 추구하는 친구는 자연스럽게, 우연히 소개를 통해 만나기도 하고 직장동료 고백으로 사귀기도 했다. 누군가를 만나는 친구들은 정서적으로 안정되고 얼굴이 밝아졌다. 스스로를 더 꾸미기도 했다. 사랑하는 사람들이 풍기는 긍정적인 에너지를 발산했다. 싱글맘 친구들은 모두 일도 열심히 하고, 사랑도 열심히 하고, 육아도 열심히 했다.

재혼은 필수가 아닌 선택이다. 하지만 사랑은 선택이 아닌 필수다. 새롭게 찾아온 사랑을 거부하지 않았으면 좋겠다. 아이에게 엄마도 누군가에게 사랑받은 사람임을 알 수 있게 하면 좋겠다. 누군가에게 전폭적인 사랑과 애정을 받는다는 것은 새로운 에너지를 주고, 그 긍정적인 에너지는 다시 아이에게로 흘러간다. 나에게 새로운 사랑이 찾아온다면, 구태여 거절하지 말고 만나보는 것은 어떤가? 대신 어떤 사람인지 검증하고, 아이에게 소홀하지는 말아야 한다. 싱글맘의 역할에는 충실하되 사랑이라는 보너스를 같이 누리면 좋겠다. 울면서 방문했던 결정사에서 나는 새로운 세상을 알게 되었다.

다시 돌아갈래요

이혼 후 아이와 함께 살아가는 일은 평화로웠다. 신기하게도 스트레스가 줄었고, 삶의 질이 대폭 상승했다. 나와 아이의 삶에만 온전히 집중하면 되는 시간이었다. 가족이 세 명에서 두 명이 되자 육체적인 노동 강도도 대폭 하락했다. 무엇보다 제사를 지내러 가지 않는 것이 좋았다. 결혼 후 명절증후군으로 시달렸는데, 이혼 후에는 명절을 앞두고 기대와 설렘이 있다. 이혼을 하던 해 친정 식구들과 해외여행을 다녀왔다. 명절을 지내고 나면 몸살을 앓았는데, 사랑하는 가족들과 좋은 것을 보고 좋은 이야기만 하고 쉬다 올 수 있으니, 여태껏 미련하게 살았다는 생각이 들었다. 조상 복 있는 사람들은 명절에 해외여행을 간다더니, 조상 복이 있어서 이혼할 수 있었나 보다.

돌아온 싱글이 된다면 어디로 가고 싶은가? 사람마다 돌아가고 싶은 곳은 다 다르겠지만 말이다. 이혼 후 돌싱이 된 사람들은 어디에서 살까 찾아보았다. 대다수의 돌싱이 된 양육자들은 부모님 근처로 이사를 하거나 직장 근처로 이사하는 것 같다. 부모님 근처에 따로 아이와 둘이 사는 경우도 있고, 합가를 선택하기도 했다. 따로 사는 것과 함께 사는 것은 각각 장단점이 공존했다. 반면 비양육자들은 아이를 키우지 않는 만큼 주거의 선택에 있어서 자유로웠다. 본인 몸만 책임지면 되었기에 기숙사에 살기도 했고, 원룸이나 오피스텔을 선택하기도 했다. 대다수 비양육자는 부모님과 합가를 선택하는 경우는 없었다.

주거지를 어디로 선택하느냐에 대한 장단점은 명확했다. 부모님이 사시는 곳 근처로 이사를 한다면, 개인 시간을 확보하기 쉬울 것이다. 부모님이 아이의 보조양육자가 될 수도 있다. 남편 대신 부모님이 울타리가 되어주실 수도 있다. 나이가 들수록 부모님과 근처에 산다면 부모님을 자주 만나고 돌아볼 수 있다. 하지만 동전의 양면처럼 완벽한 독립을 할 수 없을 것이다. 부모님은 혼자가 된 딸을 걱정할 것이고, 손자까지도 걱정할 것이다. 잔소리에서도 벗어나기 쉽지 않다. 자녀는 60살이 되어도 부모에게는 물가에 내놓은 어린아이 같기 때문이다. 가까이 사는 만큼 부모님의 니즈를 맞추기 위해 신경 써야 할 것도 늘어난다.

직장 근처로 이사를 한다면 육아와 일을 홀로 병행해야 한다. 하지만 출퇴근 시간이 줄어들기 때문에, 출퇴근의 피로도는 낮아질 것이다. 직장 근처에 아이를 맡길 수 있는 어린이집이나 학교가 있다면, 아이에게 무슨 일이 있을 때 빠르게 대처할 수 있다. 하지만 본인의 이혼 사실을 숨기기는 어렵다. 직장 내에서 나의 반응과 가정사를 연결 짓는 사람들이 생길 수도 있다.

아무도 모르는 곳으로 이사를 한다면, 나의 사정에 대해 오픈하는 일은 쉬워진다. 선입견이 없기에, 오히려 심리적으로 자유로울 것이다.

미혼일 때부터 그의 고향에서 이미 만 7년을 일했던지라, 그곳에서 인맥을 형성하고 있었다. 친한 친구도 많았고, 대외적인 관계로 알고 지내던 사람들도 많았다. 신혼집에서 이대로 사는 것도 나쁘지는 않겠다는 생각이 들기도 했다. 신혼집은 직장도 가깝고, 산 좋고 물 좋고 인심도 좋은 곳이었다. 편리와 관련된 곳들은 차를 타고 10분 이내에 있었고, 그곳에서 삶은 별로 아쉬울 게 없었다.

하지만 이혼 후 그가 숨 쉬는 소리도 멀리 지나가는 그림자도 신혼집의 창밖으로 보이는 시부모님댁조차 보기 싫었다. '시금치에 들어간 시 자도 싫어서 시금치를 안 먹는다'는 말처럼 그와 관련된 모든 것이 다 싫어졌다. 그곳에서 쌓은 인맥들로 좋은 점이 많았지만, 그가 관련되었다는 이유만으로 도시 자체가 싫어진 것이다.

이혼한 마당에 그의 고향에 남아있을 이유가 없었다. 아이는 아직 어려 이사를 하더라도 잘 적응할 수 있었고, 이곳에 남는다고 해서 육아를 도와줄 사람도 없었다. 어딜 가든 이곳보다는 좋겠지 하는 생각을 했다. 마음 한켠에는 나를 모르는 지역으로 이사 가고 싶기도 했다. 나에 대한 선입견이 없는 곳으로 가서 정말 나답게 살고 싶다는 생각도 했다. 반면 연어처럼 고향으로 돌아가는 것도 선택지에 있었다. 비록 친정 부모님은 경제활동을 하시니 도와주시지는 못하겠지만, 가까이 있다는 것만으로 위안이 될 것 같았다. 당장 큰일이 생긴다면 도움을 요청할 수도 있고, 주말에 시간을 같이 보낼 수도 있었다. 퇴근 후 한 번씩은 아이를 맡길 수도 있었다. 대신 고향은 나를 아는 사람도 많았고, 심지어 결혼생활까지 소상히 아는 어른들도 있었다. 버릇처럼 여러 방법을 가정해본 뒤 연어처럼 고향으로 돌아가기로 했다.

고향으로 돌아가기를 선택한 것은 아이의 정서를 고려한 점이 컸다. 아빠의 빈자리를 혼자 채우기는 힘들었고, 아이의 성향을 고려했을 때 허용적인 할머니 할아버지가 옆에 있는 것이 좋다고 판단했다. 아빠의 부재로 누군가를 모델링해야 할 텐데, 친정아버지나 남동생이 그 역할을 해줄 것이라 기대할 수도 있었다.

고향으로 돌아가기로 한 결정을 부모님이 가장 반기셨다. 체구도 작고 체력도 약한 나를 특히 걱정하셨던 엄마는 이제야 발 뻗고 주무실 수 있으셨다고 한다. 부모님께서는 감사하게도 부모님댁에 합가해도 되고, 부모님 집 근처에 집을 구해도 된다고 하셨다. 아이를 전담해서 키워주거나 금전적인 지원으로 집을 구해주는 것은 해줄 수 없지만, 최선을 다해 아이 키우는 것을 도와주신다고 하셨다. 물론 혼자 아이를 키우고 가사도 일도 할 수 있었지만, 그 말씀만으로도 든든했다. 나도 성인이고 엄마가 되었지만, 부모님이 옆에 계셔

주시는 것에서 오는 안정감이 굉장했다. 가정이 해체되면서 역설적으로 가족의 소중함을 더욱더 알게 된 순간이었다.

나는 부모님이 사시는 고향으로 돌아가는 것을 선택했지만, 다른 이혼자들은 직장 근처로 이사를 선택하는 사람들도 많았다. 아이와 함께 생활하려면 경제력이 중요했고, 새로운 직장을 구하는 것보다 기존 자리 잡은 직장에 있는 것이 나은 선택일 수도 있다. 이혼하고도 전남편과 관계가 좋은 사람들은 전남편과 같은 지역에 그대로 사는 사람도 있다. 각자에게 일이 있을 때 아이를 번갈아 케어하고 면접 교섭을 하기에도 쉽다.

대부분의 싱글맘 친구들은 직장 근처에서 자리 잡는 것을 선택했다. 반면 아이를 키우지 않는 돌싱들은 경제적인 이유로 원룸에 살거나 기숙사에 들어가기도 했다. 우리 아이가 다니던 유치원에서 만난 친구 엄마는 친정엄마 근처에 사는 것을 선택했다. 청소년기 아이를 둔 싱글맘은 아이의 학교 근처로 이사하기도 한다.

이혼 후 어디에서 살 것인지를 정하는 것에 정답은 없다. 각자가 생각하는 가장 중요한 것을 두고 선택하면 된다. 그 선택이 잘못되었다고 생각된다면, 다시 바꾸면 된다. 본인과 아이만 생각하면 되는 싱글맘은 다른 방법을 선택하는 것도 어렵지 않다. 오로지 나와 아이만 생각하면 되기 때문이다. 일반적인 가정이 선택할 때 남편, 아내, 아이, 시부모님, 친정 부모님 모두의 의견을 고려해야 하는 것과 달리 싱글맘의 선택은 심플하다. 심플해서 참 좋다.

성인이 된 이후로 시작되었던 타지 생활은 만 13년 만에 막을 내렸다. 13년 만에 귀소본능을 발휘해 고향으로 돌아왔다. "남의 식구 말고 우리 식구끼리 사는 게 제일 속이 편하다" 하는 엄마의 말을 듣고 깜짝 놀랐다. 아무리 편한 사위라도 손님이라고 엄마는 눈치가 보였다고 한다. 남의 식구 말고 우리 식구만 오붓하게 모여 살게 되니 웃음꽃이 피었다. 걱정거리가 생기면 가족이 머리를 맞대고 해결점을 찾았다. 네 집 내 집 따질 일이 없으니 다툴 일도 없고, 누군가에게 불편함이 생기면 서로 해결해주기 위해 노력하고 있다. 해마다 명절은 우리 가족이 여행을 떠나는 날이다. 나는 명절 연휴를 누구보다 설레하며 기다린다. 명절이 다가오면 신이 난다. 다시 돌아간 곳은 굉장히 평화롭다.

두껍아 두껍아, 신혼집 줄게 내 집 다오

아이는 돌이 되기 전에 걸었다. 꺅꺅 소리를 내고 웃으며 쉴 새 없이 뛰듯이 걸어 다녔다. 그때 알았어야 했다. 우리 아이는 층간소음의 주범이 될 수 있다는 것을 말이다. 싱글맘이 되던 해 아이는 4살이 되었다. 겨울에 태어난 아이는 한 살을 헛먹어 4살이지만, 두 돌을 갓 넘긴 시기였다. 거실에는 두툼한 5센티 층간소음매트가 깔려 있었고, 우리는 아침 8시면 집을 나서, 저녁 6시면 다시 집으로 돌아왔다. 아이는 9시면 잠이 들었다. 집에서 사람이 활동하는 시간이 3시간뿐이었는데, 아랫집에서 층간소음으로 못 살겠다며 올라왔다. 층간소음매트도 보여드리고 자는 시간도 말씀드렸지만, 조심해달라고 몇 번을 이야기했다. 층간소음은 바로 윗집이 아니라도 유발될 수 있지만, 어쨌든 우리 집은 항의를 받았다. 무엇보다 우리 집에 성인 남자가 찾아오는 것이 무서웠다.

층간소음으로 항의를 받고 또다시 항의받을 일이 있을 수 있겠다는 생각이 들자, 미련 없이 신혼집을 떠나보내기로 했다. 이 집에서 결혼하고, 아이를 출산했고, 그의 외도를 겪었고, 이혼을 했다. 이 집에서 산 3년은 버라이어티했다. 사고가 자주 나는 자동차는 결국 목숨을 위협할 정도의 큰 사고를 낸다는 미신을 아는가? 그래서 사람들은 손해를 감수하고 다른 차로 바꾸기도 한다. 살면서 큰일을 겪을 때 사람들은 무언가를 바꾼다고 한다. 주거지를 바꾸거나 직장을 바꾸거나 이름을 바꾼다. 좋지 않았던 것을 버리고 새롭게 살고 싶어서가 아닐까? 앞으로 잘살아 보겠다는 다짐이기도 하다. 나 역시 더욱더 좋은 날을 기대하며 부푼 마음으로 주거지를 바꾸고자 했다. 헌 집 줄게 새집 다오가 아니라, 신혼집 줄게 내 집을 다오!

신혼집을 구할 때는 그가 청약을 통해 마련했기에, 특별히 고민할 게 없었다. 하지만 막상 내 집을 마련하고자 하니 두려움이 생겼다. 다른 것보다 집을 구매하는 것은 상상할 수 없는 돈이 들어가는 행위였다. 혹시나 잘못된 선택을 할까 봐 무섭고, 결정을 내리기 힘들었다. 남이 집을 산다고 할 때는 아무 생각도 없었는데, 막상 내 일이 되니 큰 선택이었다. 결혼 다음으로 큰 결정이 아닌가? 라는 생각도 들었다. 실제로 그랬다. 급하게 베스트셀러 부동산 책 3권을 읽었다. 어떤 집을 구하는 것이 좋은지 대략적인 것을 알 수 있었다. 대단지, 초품아(초등학교를 품고 있는 아파트), 신축 정도가 실패하지 않는 조건의 대표적인 요소였다. 부동산을 검색하는 어플이나 사이트들도 하나씩 찾아 공부했다. 하지만 제일 어려웠던 것은 살 집에 대한 예산을 정하는 것이었다. 대출을 내지 않고 구축으로 마련할지, 아니면 대출을 내더라도 신축으로 마련해야 할지 가늠이 되지 않았다. 부모님이나 친척들도 평생을 한집에서 사셨던 지라 조언을 받을 수 없었다.

구체적인 결정 없이 무작정 아파트를 구경하기 시작했다. 주말이면 퇴근하고 아파트 단지들을 돌고 공인중개사 사무실을 방문했다. 어린아이를 유모차에 태워 아빠와 함께 부동산에 방문하면 부동산 소장님들은 아빠와 나의 관계를 궁금해했다. 부부는 아닌 거 같은데 친정아빠라 하기에는 엄마가 안 계시고, 이 집은 무슨 관계인지 궁금하다는 눈빛을 많이 보냈다. 부동산에서 상담하고 나오는 사이 아이가 차 키를 들고 차에 탄 후 문을 잠가 갇히는 에피소드도 있었다. 처음으로 119를 불러 유리창을 깨고 아이를 구했다. 매주 고향으로 가서 아파트를 보고 다니는 것은 보통 힘든 게 아니었다. 갓 두 돌인 아이를 데리고 다니니 더 힘들었다. 처음 공인중개사 사무소를 가고 집을 구경할 때는 어색하고 두려웠는데, 다니다 보니 점점 재미를 느꼈다. 부동산 책에서 임장을 취미로 한다는 것도 이해가 되었다. 집을 구할 예산을 정하지 못하였기에, 고향에 있는 아파트들은 다 다녀야 할 만큼 하드코어인 일정이었다.

막무가내로 여기저기 다녀보니 무엇보다 학교가 걸어서 5분 이내에 있어야만 한다는 기준이 생겼다. 지금 생각해보면 너무 먼 미래를 생각했던 것 같다. 아이가 학교에 들어가려면 4년이라는 시간을 더 있어야 했는데, 꼭 학교 근처에 집을 구해야 한다고 생각했던 이유를 모르겠다. 아마 평생 살 거로 생각했기 때문일 것 같다.

지도를 보고 도보 5분 거리에 초등학교가 있는 아파트들을 선별해 내었다. 대출을 내지 않는 구축부터 천천히 구경하였다. 조건에 맞는 지역이 네 군데가 있었고, 그중 근처에 이모와 사촌언니가 살고 있어 도움을 기대할 수 있는 30년 된 아파트를 계약하겠다고 결정했다. 30년 된 아파트는 낡았지만 튼튼하게 지어지기로 유명했다. 걸어서 5분 거리에 초등학교가 있었고, 주택과 아파트가 혼재된 지역이라 한 부모 가정인 우리 아이도 그 학교에서 기죽지 않을 것 같았다. 마트나 학원 등은 부족했지만, 강변 산책로가 가까이 있었다. 부동산에서 등기부등본을 보여주었는데, 을구에 근저당이 설정되어있었다. 이게 무엇이냐 물으니 대출이라고 하였다. 아들이 부모의 집을 상속받으면서 정리되지 못한 부분이라고 하였다. 찜찜할 경우 근저당을 먼저 말소하고 계약하면 된다고 하였다.

근저당 말소를 조건으로 집을 계약하겠다고 이야기하고 집으로 돌아왔는데, 다음날 불현듯 그 집에서 못 살겠다는 생각이 들었다. 지금도 내 나이만큼 오래된 아파트인데 평생을 그 집에서 살 수 있을 것 같지 않았다. 집을 계약하지 않겠다고 하자 부동산에서는 문자로 가계약한 것도 계약이라며 계약금에 해당하는 금액만큼 배상하거나 소송을 하겠다고 했다. 가계약금을 입금하지도 않았지만 막무가내였다. 소송이라면 지긋지긋했다. 알아서 소송하시라고 말하고, 다른 집을 구하기로 했다. 소송을 하겠다고 으름장을 놓던 부동산에서는 이후로 연락이 없었다.

이번엔 신축을 둘러보았다. 주말마다 아이를 유모차에 태워 단지를 돌고 예산에 맞는 집을 보았다. 평일에는 인터넷으로 손품을 팔고 주말에는 발품을 팔았다. 시간이 지나니 어느 정도의 금액을 감당할 수 있을지 결심이 섰다. 예산이 결정되자 갈 수 있는 아파트들이 추려졌고, 신축 대단지 1층 초품아를 계약했다. 거실에서 보는 전망이 근사했다. 마치 개인 정원처럼 느껴졌다. 거실을 약간 빗겨 난 위치에 놀이터가 있었는데, 아이들의 밝은 웃음소리가 가득했다. 머릿속에서 내 아이도 저기서 웃고 있는 모습이 그려졌다. 집안일을 하다가 놀이터에서 놀고 있는 아이를 집으로 부를 수도 있을 것 같았다. 그리고 1층인 만큼 층간소음에 대한 압박으로 시달리지 않아도 되었다.

정말 많은 집을 보았지만, 이 집이 내 집이라는 생각이 강력하게 들었다. 빚을 내서라도 신축에서 살겠다고 마음을 먹으니 어찌나 신이 났는지. 아이를 유모차에 태우고 땀을 뻘뻘 흘리면서 돌고 또 돌았다. 한 바퀴 돌고 커피 한잔 마시고, 한 바퀴 돌고 커피 한잔 마시고…. 그때는 어떻게 그 많은 집을 구경하고 다녔는지 모르겠다.

이사 갈 아파트의 계약금은 상간녀소송의 위자료로 받은 돈을 사용했다. 새 차를 사지 않고, 성형하지 않고 그대로 두었던 돈이 유용한 곳에 쓰였다. 지금 생각해도 잘한 일 같다. 그의 명의로 되어있던 신혼집을 반납하고, 내 명의로 된 내 집이 생겼다. 기분이 이상했다.

뭔가 든든하기도 했다. 말로는 표현할 수 없는 충만함이 있었다. 웃기지만 인생에서 가장 두근거리고 설레는 순간이었다.

"와, 이혼하니 내 집이 생겼어."

지금도 가족과 웃으며 이야기하곤 한다.

이혼하고 원래 살던 집에 그대로 살 수 있는 것이 아니라면, 누구든지 살 집을 구해야 한다. 그게 전세일 수도 월세일 수도 자가로 구하는 것일 수도 있다. 어떤 방식의 주거를 선택하더라도 온전하게 나와 아이가 사는 집을 구한다는 것은 마음의 감동을 준다. 주거의 환경이 바뀌는 것은, 새롭게 살아갈 희망을 일으키고 무엇이든 할 수 있다는 도전 의식도 일으킨다. 부동산을 방문하고 집을 보러 다니는 행위가 어색한 것은 당연하다. 한 번도 해보지 못한 일이기 때문이다. 그 어려움을 해결하면 또 다른 세상이 열린다. 드디어 오롯이 둘만의 안전한 세상이 준비되는 것이다.

Chapter
3

으라차차
내 인생,
잘 사는 방법을 찾다

그 사람을 선택했던 내 죄를 사하노라

배우자를 선택할 때 가장 중요한 것은 무엇일까? 학벌, 경제력, 외모, 성격 등이 있다. 한국인이 배우자를 선택하는 기준 1순위는 압도적으로 '성격'이라고 한다. 나 역시 마찬가지다. 물론 배우자를 선택하는 데 성격만 본 것은 아니다. 나름대로 열심히 따진다고 따졌다. 신중한 선택을 했다고 생각했다. 인생에서 가장 중요한 결정을 할 때 대충, 그냥 결정하는 사람은 없을 것이다. 사람들이 성격을 1순위로 꼽고 따지며 결혼을 했는데, 하필 성격 차이로 이혼을 하는 사람들이 많은 걸까? 참으로 미스터리한 일이다.

배우자와 불화로 이혼하게 된 사람들은 그 이유를 본인에게서 찾는 경우가 많다. 내가 매력적이지 않은 외모여서, 다정하고 살갑게 굴지 않아서, 시부모님에게 소홀해서, 성관계를 거부해서 등 이혼의 귀책을 본인의 잘못에서 찾고야 마는 것이다. 반면 전 배우자 탓을 하며 분노하는 때도 있다. 명백하게 전남편의 유책으로 이혼한 나도 관성처럼 나에게서 잘못을 찾고 있었다. 결이 맞지 않는 사람을 선택한 것이 문제가 아니라, 내 잘못으로 그가 그럴 수밖에 없다고 믿고 싶었던 것이다. 내 선택이 잘못된 걸 인정하는 것이 더 힘든 일이었다.

소송이라는 치열한 시간을 보내며, 가정이 파탄 나게 된 근본적인 이유는 무엇일지 생각했다. 내가 찾은 답은 잘못된 배우자를 선택한 낮은 안목이었다. 그저 결이 맞지 않은 사람이었다. 하지만 연애 시절 가진 좋은 감정으로 서로에 대한 깊은 고민과 충분한 이해 없이 남들 따라 결혼을 한 것이다.

내 인생뿐만 아니라 분신과도 같은 아이의 인생까지 한 번의 선택으로 시궁창에 처박혔다는 죄책감이 옥죄었다. 특히 아이가 잠들고 난 후 조용한 밤 혼자만의 시간을 보낼 때, 죄책감이 극에 달했다. '이런 이유로 많은 사람이 스스로 죽음을 선택하는구나!' 이해할 수 있는 시간이었다. 아무도 몰랐지만, 주변의 모든 사람에게 부끄러웠다. 성공적인 가정을 이루며 원하는 삶을 자부했는데 인생에서 가장 중요한 일에서 실패했다. 가족에게도 친구에게도 심지어 일면식 없는 사람에게조차 부끄러웠다. 그의 불륜보다 내가 배우자를 잘못 선택했다는 자괴감이 더 힘들었다.

이혼하거나 이혼할 예정인 사람들은 '왜? 하필? 나는 그 사람은 선택했는가?' 하고 자책한 경험이 있을 것이다. 나 역시 그랬으니까. 숱한 날을 자책으로 지새웠다. 하지만 그런 자책의 시간은 삶을 변화시켜주지 않았다. 다시 배우자를 선택하기 전으로 돌아갈 수 없는데, 부정적인 생각이 삶을 무기력하게 만들었다. 그래서 스스로를 용서해주기로 했다. 나와 아이를 위해서다. 과거는 돌이킬 수 없다. 그 사람을 선택한 것도, 배우자의 불륜도, 이혼한 것도 돌이킬 수 없다. 뒤돌아서서 과거만 보고 후회와 자책으로 스스로를 몰아세우기보다 앞을 바라보는 자세가 필요했다. 후회해서 되돌릴 수만 있다면, 백 번이고 천 번이고 후회했을 것이다. 불가능한 사실에 매몰되어 나를 괴롭히는 것이 힘들었다. 그래서 그를 배우자로 선택한 나를 용서해주었다. 그러다 보면 언젠가 그도 용서할 수 있는 날이 오지 않을까?

결혼에 실패했음을 인정한 후, 이혼 과정에서 좋은 것도 있었다는 걸 알았다. 이혼의 과정을 거치고, 아이를 혼자 키워가며 역설적으로 자신감을 얻었다. 결혼에 실패한 후 더 긍정적인 성향으로 바뀌었다. 나는 무엇이든 해결할 수 있는 사람이 되었고, 어려운 상황 속에서도 좋은 점을 찾는 사람이 되어있었다. 큰 시련을 극복해 나갈 때마다 점점 더 자신감이 생겼다. 시련이 나를 성장시킨 것이다.

이혼이란 것이 인생에 크나큰 충격이고 아픔임을 부정하지 않는다. 자신을 추스르는 것마저 벅차다. 하지만 언제까지 충격 속에 누워있을 수는 없다. 엄마가 충격에 빠져 누워만 있다면 아이는 어떻게 자랄 것 같은가? 안타깝게도 약하기만 한 엄마를 본 아이는 엄마를 보호하기 위해 조숙한 아이로 자랄 가능성이 크다. 아이가 그렇게 자라기를 원하는가? 나는 내 아이가 조숙한 아이로 자라기보다 내 보호 아래 아이답게 자라면 좋겠다.

여태껏 살아온 삶을 돌아보는 것이 회복하는 일에 도움이 되었다. 엄마가 되어 아이를 낳았고, 그 힘들다는 이혼도 버텨냈다. 부부 둘이서도 키우기 힘들다는 아이를 혼자서 키워내고 있지 않은가? 심지어 가장의 역할도 하고 있다. 비록 완벽하지 않더라도 굉장한 일을 매일매일 해내고 있는 것이다. 역경을 하나씩 딛고 일어설 때마다 경험치는 쌓이고, 그것은 내적 자산으로 축적된다. 실패하고 아무것도 남지 않은 것이 아니라 실패를 딛고 성장하고 있다. 그리고 잘해왔다고, 잘하고 있다고, 더 잘할 수 있다고 자신을 응원해 준다.

나를 미워하고 내 선택을 혐오한다면, 타인도 나를 그런 시선으로 보게 된다. 엄마 친구 A는 남편의 외도로 이혼하고 혼자 아이 둘을 키웠다. 전업주부로 살다 싱글맘이 되어 생계를 꾸려나가는 것이 어려웠고, '다른 사람을 배우자로 선택했더라면' 하는 후회를 평생에 걸쳐 했다. 남편에 대한 원망을 자녀나 주변인들에게 수십 년 가까운 시간 동안 토로하였고, 그 원망의 끝에는 남편을 잘못 선택한 A 본인에 대한 원망이 이어졌다. 자녀들은 다 장성하고, 엄마에게 부담을 주고 싶지 않아 일찍 좋은 직장에 입사했다. 하지만 엄마의 원망과 후회로 인한 것인지, 자녀 둘 다 결혼하지 않고 미혼으로 살고 있다. 엄마의 원망을 감당하기 힘들어 교류도 적다. 가족들도 다 들어주지 못하는 이야기를 친구들도 더 이상 들어주지 않았다. 엄마도 그 친구와 거리를 두게 되었다고 하셨다. 원망과 후회가 가득한 친구 A의 이야기를 듣고 있으면 골치가 아프다고 하신다.

반면 엄마의 친구 B는 총 세 번의 결혼으로 성이 다른 아이 세 명을 낳고 키웠다. 누가 보면 막장이라고 생각할 수도 있을 것이다. 마지막 세 번째 이혼으로 엄마 친구 B는 결혼생활의 마침표를 찍었다. 엄마 친구들은 B에게 이제 네 번째 결혼식에는 초대하지 말라는 농담을 하기도 한다. 세 번의 결혼과 세 번의 이혼을 겪었지만, B는 늘 긍정적이었고, 자신을 탓하지도 않았다. 성이 다른 세 아이와 사는 삶을 보고 주변에서 선입견을 품기도 했지만, B를 깊이 알아 갈수록 처음 가졌던 선입견과 다르게 평가했다. B는 참 괜찮은 사람이라고 말이다. 세 아이는 아빠가 다 달랐지만 서로 친하게 지냈고, 엄마와도 화목하게 살고 있다. 세 자녀가 장성해 각자 다른 가정을 꾸렸지만, 주기적으로 엄마를 돌아본다. 엄마 친구 B는 지나간 남편들에 대한 원망도, 자기 잘못에 대해 자책도 하지 않았다. 그저 "많이 배웠다. 그리고 네 번째는 없다"라는 말과 함께 주변 사람에게 웃음을 주는 괜찮은 사람이다.

엄마 친구 A와 B를 통해 같은 싱글맘이라도 살아가는 태도가 그 사람을 나타낸다는 것을 알았다. A와 B의 차이는 무엇이라고 생각하는가? 자신의 선택을 긍정하는지 부정하는지가 가장 큰 차이다.

억울할 수 있다. 충분히 이해한다. 나도 억울해서 미칠 것 같았다. 한순간의 선택으로 내 삶과 아이의 삶이 망가졌다고 생각할 수 있다. 그래도 자신을 용서하고 앞을 봐야 한다. 다른 누구를 위해서도 아니고 세상에서 가장 소중한 나를 위해서, 그다음으로 소중한 아이를 위해서다.

과거를 계속 돌아보며 상처를 들춘다고 달라질 것은 없다. 바닥을 치면 다시 솟아오르고, 실패를 통해 또 다른 성공이 생기게 된다. 실패는 성공의 전주곡이다. 없었다면 좋았을 일이지만, 그 상황에 나름의 선택을 했을 뿐이고 아팠지만, 더 성숙해졌다고 쿨하게 나를 용서해주면 좋겠다. 그래서 '엄마의 결혼생활은 실패했지만 한 여자로, 엄마로는 정말 괜찮은 사람이다'라고 아이에게 평가되는 성공적 삶을 살면 좋겠다. 물론 나도 그렇게 살기 위해 스스로를 용서했고, 매일 성장하며 살고 있다. 마음속에 좋은 것들만 채우고 살기에도 인생은 짧다. 나를 용서하고 자유로워지자.

쉿! 가족에게만 비밀인 이야기

'비밀'이라는 단어를 보면 어떤 생각이 드는가? 왠지 신비롭고, 은밀하며 입 밖에 꺼내면 안 될 것 같은 생각이 든다. 그런 비밀을 나에게만 이야기해준다면 내가 아주 특별한 사람인 것 같아 기분이 들뜰 것이다. 정서적인 친밀감이 높은 사람에게만 어렵게 털어놓는 것이 비밀이다. 반면 정말 친하다고 생각하는 사람이 나에게만 비밀을 알려주지 않는다면 무척 서운할 것 같다. 그 사람에게 아무것도 아닌 존재인 것 같아서다. 사람들은 비밀을 공유할 때 더욱더 친밀감을 느끼게 된다. 나도 내 비밀을 공유하는 사람이 있다. 그 사람에게 나도 큰 친밀감을 갖고 있다.

싱글맘이 된 후 인간관계가 정리되었다. 싱글맘이 되었기에 그들이 나를 정리한 것이 아니라, 내가 이혼한 것을 밝히고 싶지 않아 점점 거리를 두다 보니 자연스럽게 정리가 되었다. 어릴 때는 많은 사람을 알고 사귀는 것이 좋았다. 하지만 이혼을 겪고, 사회 경험이 쌓여가니 특정 주제마다 이야기할 수 있는 상대가 다르다는 것을 알았다. 육아에 대해 이야기하면 좋은 사람, 부모님에 대해 이야기하면 좋은 사람, 감정의 변화에 대해 이야기하면 좋은 사람, 경제적인 부분을 이야기하면 좋은 사람 등 주제에 따라 이야기하고 의논을 할 수 있는 사람들이 다 달랐다. 특히 내밀한 이야기일수록 더 그러했다. 싱글맘이기에 주제에 따라 각기 다른 사람들에게 말하는 것이 아니다. 싱글맘이 되면서 상황이나 관계에 대해 깊이 생각하게 되었고, 그 결과 주제마다 소통하는 대상이 달라졌다. 나와 유사한 상황을 가진 상대방에게 이야기를 하는 것이 공감대도 형성되고 서로 즐겁게 대화할 수 있었다.

가장 내밀하고 끝까지 지켜야 하는 비밀을 딱 한 사람에게만 말한다면, 가족을 뽑을 것이다. 가족들의 지지와 응원으로 담대하게 이혼을 할 수 있었기에, 큰일이 벌어진다면 가족에게 가장 많이 의지하고 조언을 받지 않을까? 그러니 가족에게 비밀이 없을 것 같지만, 역설적으로 가족에게는 말할 수 없는 비밀이 있다. 가족들은 내 이혼 과정을 처음부터 끝까지 지켜봤지만, 전남편이 이성을 잃고 했던 말이나 행동, 시가 쪽 식구들의 디테일한 행동들에 대해서는 절대 말할 수 없었다. 특히 남동생에게는 내 결혼생활이 파탄에 이르게 된 세부적인 상황은 말하지 않았다. 남동생에게 결혼에 대한 부정적인 인상을 줄까 걱정되어서다. 물론 이혼 과정에서 벌어진 일들도 아이에게 비밀이다. 아이는 부모가 사이가 좋지 않아 따로따로 행복하게 살기로 했다는 것만 알고 있다. 가장 친하고 가까운 존재인 가족이지만, 절대 말하지 않을 비밀이다. 이 이야기를 가족에게 한다면 두고두고 고통스러울 것을 안다. 지나간 상처를 다시 들여다보고 가슴을 치며 애통해하는 모습을 본다면, 나도 더욱 힘들 것이다.

실패한 결혼생활을 누구보다 가까이서 지켜본 가족에게 앞으로 성공하는 모습만 보여주고 싶다. 싱글맘이 되어 아이와 단둘이 살게 되었을 때 인생에서 가장 많은 선택과 결정을 해야 했고, 그 모든 것은 압박으로 돌아왔다. 특히 경제적인 부분이 가장 컸다. 처음으로 대출을 알아보아야 했고, 생활비를 꼼꼼히 따져야 했다. 혹시나 건강이 나빠져 일을 하지 못하면 아이와 살아갈 방법이 있을지 숨이 막힐 정도로 걱정되는 날도 있었다. 잠자리에 들기 위해 침대에 누워 눈을 감으면 심장이 벌렁벌렁 뛰어 귓가에 심장 소리가 들리는 것 같았다. 하지만 이런 경험들은 가족들에게 비밀이었다. 이 상황과 불안을 이야기해도 가족이 해결해 줄 수 없고, 오히려 부담만 줄 것이기 때문이었다. 나에게는 이혼 과정과 경제적인 불안감을 가족에게 이야기하지 못할 비밀이지만, 모든 사람에게는 각자 다른 부분에서 비밀 하나씩은 다 가지고 있을 것이다.

가족에게 모든 것을 비밀로 하고, 그 누구에게도 말하지 않고 혼자 감당하라는 것은 아니다. 삶 속에서 가지게 된 비밀의 주제에 따라 이야기할 대상을 차별화하라고 권하고 싶다. 나는 가족에게 말하지 못하는 비밀 중 이혼 과정에서 겪었던 일은 상담을 통해 풀어냈다. 그때의 공기, 냄새, 비참함 등을 여과 없이 상담사님 앞에 털어놓았을 때 해방감이 들었다. 돌아가는 발걸음이 너무 가벼웠다. 꽉 막힌 것이 내려가는 듯한 기분이었다. 상담사님의 표정, 눈에 고인 눈물을 보며 이해받고 있다는 생각에 위로가 많이 되었다. 경제적인 부담감은 가계부를 함께 쓰는 모임에서 풀었다. 비슷한 또래로 구성된 가계부모임을 하고 있었고, 거기에서 심리적인 부담감을 이야기할 수 있었다. 그들 또한 비슷한 고민을 하고 있었고, 동질감을 느낄 때 무게감이 덜어지는 것 같았다. 서로 응원해 주고 긍정적인 말을 주고받으며 시간을 보내니, 큰 용기가 생겼다. 육아에 대한 고충은 비슷한 처지의 친구에게 많이 이야기한다. 특히 아이가 아빠를 찾으며 생기는 고충은 친구와 함께 해결방안을 고려하기도 하고 서로 마음을 다잡아주기도 한다.

친구 A는 파혼하겠다고 부모님께 이야기했지만, 부모님께서 남자는 다 똑같다고 말리는 통에 결혼을 감행했다. 결혼생활 내내 연애할 때 생겼던 문제가 똑같이 발생했고, 그 행동을 지적하는 횟수가 늘어나자 급기야 남편이 제멋대로 행동하기 시작했다. 친구는 이혼을 선택하며 이혼 과정과 감정들을 부모님께 모두 쏟아냈다. 당신들의 권유로 딸의 인생이 망쳐졌다는 생각에 친구의 부모님은 부채감과 죄책감을 크게 느끼고 계신다. 딸이 힘들게 결혼생활을 했다는 것을 여과 없이 들으셨기에 딸 앞에서 부모님은 죄인이었다. 친구의 부모님은 그 부채감으로 평생을 사시던 곳을 떠나 딸 옆으로 이사를 했다.

딸과 손녀의 인생이 본인들의 강요로 오점이 생긴 것 같아 어떻게든 보상해주고 싶으셨던 것이었다. 주거할 집, 아이 케어, 가사일, 생활비 일부까지 대폭 지원하여 주시지만, 어린이날이나 가족과 관계되는 행사가 있을 때 늘 친구 A에게 미안하다는 말과 함께 눈치를 본다고 한다. 결국 선택은 친구 A가 하였고 본인이 괴로운 것을 더해 부모님의 죄책감까지 봐야 하는 상황이 된 것이다. 친구 A를 보며 가족에게 비밀을 지킨 것이 참 잘한 선택이라는 생각이 든다.

싱글맘이 되었다고 미혼처럼 부모님께 귀속되는 가정이 되면 안 된다. 싱글맘 자체로 아이와 독립된 가정을 이루어야 한다. 부모님에게 지나치게 의지하는 상황은 독립된 가정이라 할 수 없다. 경제적인 부분 외에 심리적인 부분도 마찬가지다. 부모님이 평생을 건강하고 든든하여 전적으로 의지하며 살아갈 수 있다면 괜찮을지도 모르겠다. 하지만 부모님도 시간이 지날수록 점점 나이가 들어가고 이제는 오히려 자녀들에게 기대야 할 시기 아닌가? 서로를 지키기 위해 지나치게 정서적으로 의지하고 부모님을 감정 쓰레기통으로 삼지 말았으면 좋겠다. 말은 주워 담을 수 없어 부모님이 살아계시는 동안 평생을 걱정하게 만들 수도 있다. 어떤 관계를 맺고 있던지 누군가 한 명이 부채감을 느끼게 되는 상황은 건강한 관계가 되기 어렵다. 서로 좋은 것을 주고받을 수 있는 관계가 되려면 각자 독립적인 개체가 되어야 한다. 더 주기도 하고 덜 주기도 하면서 서로 주고받는 것에 감사할 수 있는 친밀한 관계를 유지하는 것이 좋다.

언젠가 부모님이 내 비밀을 알게 되더라도 담담하게 '그냥 그런 일이 있었어' 말할 수 있으면 좋겠고, '우리 딸은 혼자 애 키우고 살아도 참 대단하고 잘살아' 하고 자랑스러워하는 딸이 되고 싶다.

아이에게도 시간이 필요하다

'아이가 아빠 없다는 이야기를 여기저기 큰 소리로 말하고 다녀요. 말하지 말라고 해도 계속 하고 다녀요. 이건 왜 그런 걸까요? 너무 말하고 다니니 부끄럽기도 하고요. 혹시나 아이가 아빠 없다고 이야 기하고 다니는 게 아이에게 패널티로 돌아올까 봐 걱정도 됩니다.'

싱글맘이 되고 읽었던 사연 중 가장 인상적이었던 글이다. 많은 사람이 아이에게 상처가 있을 것을 걱정하며 상담을 권유했다. 도대체 아이는 무슨 생각을 했을까? 내가 아이의 입장이라면 절대 아빠의 부재를 말하지 않을 것 같은데 왜 이야기하는 건지, 엄마가 무척 곤란하겠다는 생각을 한참 했다.

아들은 만 2세를 갓 지났을 때 부모의 이혼을 겪었기에 아빠가 없는 환경이 이상하거나 크게 힘들지 않을 거라 생각했다. 아빠와 함께한 시간은 2년 중 일부였기 때문이다. 아빠의 부재에 대해 걱정하고 있으면 엄마는 나를 이렇게 다독였다.

"엄마는 할머니가(엄마의 엄마) 내 나이 6살 때 돌아가셨는데, 정말 하나도 기억이 안 나. 그립지도 않아. 같이 살아온 기간이 짧아서인가 봐. 아마 손자도 그럴 거야."

엄마는 아이가 아빠와 쌓아온 추억이 거의 없기에, 그리움이 적거나 없을 것으로 생각하셨다.

하지만 아이는 커갈수록 아빠의 빈자리를 많이 느꼈다. 아빠와 함께한 추억이나 아빠의 생김새를 기억하지 못하였지만, 아이라면 가지고 있는 부모에 대한 근본적인 그리움이 있었다. 아빠가 너무 보고 싶은 날은 아빠랑 같이 살고 싶다고 엉엉 소리 내어 울기도 했다. 아빠의 잘못으로 함께 살 수 없었다는 이야기에 "엄마가 아빠를 용서해주면 되잖아" 하고 소리쳤다. 나에게는 기억하고 싶지 않은 전남편이었지만, 아이에게는 그저 그리운 아빠였을 뿐이었다. 아이가 느끼는 빈자리는 초등학교를 입학하고 나니 더 커졌다. 초등학교에서는 가족에 대해 배웠고, 준비물로 가족사진이나 부모님의 동영상 등을 요구했다. 가족의 구성원에 대해 배우기도 하고, 가족 구성원을 만드는 활동 등을 하기도 했다. 가족에 대해 배워갈수록 아이는 아빠가 죽어서 본인을 만나러 오지 않는다고 생각했다. 아빠가 죽어버려서 하늘나라에 있을 것이라고, 그래서 하늘만 보면 눈물이 난다고 이야기하였다. 아이는 아빠가 죽지 않고서야 자신을 만나러 오지 않을 리가 없다고 생각한 것이다.

초등학교 1학년 때 아이의 담임선생님과 학원 선생님의 상담 전화를 받았다. 가족에 대해 수업하면 아빠가 없다는 말을 한다는 것이다. 큰 소리로 아빠가 없다고 이야기하니 걱정이 되셨다고, 어머니는 알고 계시냐고 조심스럽게 이야기를 꺼내셨다. 아빠 없다고 여기저기 말하고 다니는 특이한 행동을 하던 아이가 바로 우리 집 이야기가 되었다. 학원 선생님도 담임선생님과 똑같이 이야기하셨다. 아빠가 없다고, 아빠가 자기를 버렸다고 이야기하는 것을 들었다고 한다.

두 돌에 엄마와 아빠의 이혼을 겪은 아이는 초등학생이 되어서야 평범한 가족의 형태가 아니라는 것을 깨달았다. 아이에게 이혼하는 이유, 왜 엄마와 아빠가 같이 살지 못하는지에 대해 설명했지만, 아이의 나이에는 받아들일 수 없었던 것이다. 지금도 아이에게 엄마와 아빠가 같이 살지 못하는 이유에 관해 이야기하고 궁금한 것을 물어보라고 주기적으로 말한다. 신기하게도 아이는 물을 때마다 다른 답을 한다. 내가 말해주었던 이야기가 아니라 왜곡되게 기억하는 것이다.

아이를 찾지 않는 무심한 아빠를 아이가 기다릴 때 서운한 마음이 들었다. 마음속에서 아빠는 너를 찾지 않고, 네가 아빠와 같이 살고 싶다고 해도 아빠는 너를 키울 수 없을 것이라는 말이 목구멍까지 나오기도 했다. 내 인생을 담보로 너를 키우려고 엄마는 아등바등하는데 아빠를 찾느냐고 묻고 싶기도 했다. 그저 흘러가 버릴 서운한 마음이 아이의 자존감에 상처를 줄까 봐 꾹꾹 참았다. 이런 이야기를 듣던 상담사님은 웃으며 말했다.

"꼭 진실만을 말해줄 필요는 없어요. 아이의 나이에는 그 진실을 감당하기 어려울 수 있지요. 아빠가 나에게 소홀하고 나를 생각조차 하고 있지 않다는 말을 들으면, 스스로 귀하지 않은 사람이라고 생각할 수 있어요. 아이가 아빠가 보고 싶어서 그러는 거잖아요. 그냥 그 마음을 안아주세요. 지금 아빠가 굉장히 보고 싶은 거구나. 네가 힘들어하는 모습을 보니 엄마도 마음이 아파. 아빠가 연락하지 않는 이유는 엄마도 알 수가 없어. 하지만 아빠는 살아있고 언젠가 네가 원한다면 만날 수 있을 거야. 이 정도의 느낌으로 이야기해주는 것이 어떨까요?"

상담사님의 조언이 많은 도움이 되었다. 그리고 아이에게 일관되게 말해주었다. 아마 아이도 알았을 것이다. 자신이 울어도 아빠를 만나지 못한다는 현실 말이다. 부모가 세상의 전부였던 아이는 커갈수록 자신의 세상이 확장되었다. 부모 외에 할머니 할아버지, 삼촌이 있었고 친한 친구, 선생님, 이웃사촌 등 자신의 주변을 구성하는 사람들도 많아졌다. 여전히 아이는 아빠가 죽어서 만나러 오지 않는 것 같지만, 정말 살아있다면 성인이 되어 찾아가겠다고 한다. 아빠에 대한 그리움이 없어지지는 않았을 것이다. 단지 아이는 성장했고, 아빠의 부재가 현재 아이의 심리 상태를 흔들 만큼 자극을 주지 않는 것이다.

부모의 이혼은 나와 다른 형태로 아이에게 큰 고통이었을 거다. 아빠가 보고 싶다고 울 때 자신의 요구를 잘 들어주던 가족들의 모습에 아이가 그것을 이용한다고 느낀 때도 있다. 아이들은 엄마의 약점을 정말 잘 파악하고, 그걸 이용해 자신이 원하는 것을 요구하기도 한다. 딱 우리 아이가 그랬다. 하지만 이혼을 선택했기에 아이가 힘들게 되었고, 그로인한 과한 죄책감으로 마냥 잘해주지는 않았다. 대신 내가 쳇바퀴처럼 반복되던 일상에서 안정을 찾았던 것처럼, 아이에게도 일관적인 생활방식과 일관적인 태도로 대하였다. 예측할 수 있는 삶은 아이에게 안정감을 주었다. 아이에게도 부모의 이혼을 받아들일 시간이 필요했던 것이다.

친구 A의 아들은 갑작스럽게 아빠와 면접할 수 없었다. 아빠의 개인적인 사정으로 모든 것을 정리하고 먼 곳으로 이사 갔고, 주말마다 하던 정기적인 면접은 기약이 없어졌다. 주위 환경 변화에 민감한 아이는 엄마에게 말하지 않았지만, 화가 많아지고 예민해졌다. 3개월 뒤 다시 아빠와 면접이 재개되자, 언제 예민했냐는 듯 아이는 본래 컨디션으로 돌아왔다.

친구 B의 딸은 B가 이혼 후 할머니, 할아버지의 집에서 컸다. 엄마와 떨어져 있는 것이 좋지 않다고 느낀 B는 친정 부모님과 살림을 합쳤다. 할머니와 엄마, 아이가 함께 사는 세대구성을 아이는 이상하다고 느꼈다. 아이가 엄마와 본인만 단둘이 살고 싶다고 요구했다. 친구 B는 아이를 데리고 친정 부모님 근처에 집을 구해 나와 살게 되었다. 아이가 원했기에 따로 나와서 사는 것이 나은 선택이라 생각했다. 하지만 아이는 예전과 다른 모습을 보였다. 물건을 잃어버리는 경우가 많아지고 기억을 못 하는 경우가 생겼다. 이를 이상하게 생각한 친구 B는 아이를 병원에 데리고 갔다. B의 아이는 소아 우울증이라는 진단을 받게 되었다. B는 아이를 위해 아이와 정서적인 유대감을 더 가질 수 있는 프로그램 등에 열심히 참여하고 있다.

이렇듯 부모의 이혼을 겪은 아이에게도 상황에 적응할 시간이 필요하다. 면접이 필요한 아이라면 정기적인 비양육자와의 면접이 아이의 정서에 좋다. 아이의 안정감을 위해서는 잦은 이사와 같이 환경이 변화하는 것을 자제하는 해야 한다. 엄마 생각에 별일 아닌 것도, 이미 변화를 많이 겪은 아이에게는 크게 다가올 수 있었다.

우리 아이는 면접하지 않기에 다소 변화가 적었다. 엄마 집과 할머니 집이 아이의 주 생활반경이었고, 가족 구성원에 변화가 없었으며 작은 변화는 스스로 컨트롤 할 수 있었다. 하지만 오히려 면접하는 아이의 경우 비양육자의 집, 비양육자의 조부모들을 만나게 되어 환경적 변화나 변수가 많을 수 있다. 엄마가 자극을 주지 않더라도 아빠에게서 자극받을 수도 있다. 사춘기에 들어선 아이가 아빠를 만나고 돌아올 때마다 엄마에게 거리감을 둔다는 것은 정말 흔한 이야기다. 그런 일들을 겪을 때마다 엄마의 마음은 혼란스럽고 괴롭다. 하지만 그 시간도 다 지나가고 아이는 결국 엄마의 진심을 알아준다. 진심은 언제나 통하니까. 단지 아이가 받아들이고 스스로 판단할 때까지 기다려주는 것이 엄마의 역할이 아닐까?

우리 아이는 내 마음과 같으리라 생각했지만, 아이는 나와 완전히 다른 독립적인 개체였다. 내 마음과 같이 움직이지 않았고, 아이는 아이만의 속도가 필요했다. 아이 역시 흔들리지만 이겨낼 힘이 있었다. 그 힘을 믿고 아이 옆에 한결같은 모습으로 있어 주는 것이 엄마의 역할이라 생각한다. 아이의 속도를 기다리며 그 시간을 존중해주면 어떨까? 아마 스스로 이겨낸 아이는 한층 더 성장할 것이고, 믿고 곁은 지켜준 엄마에 대한 신뢰도 는다. 아이에게 거목과도 같이 든든한 모습으로 곁을 지켜주려 한다. 아이에게 안정감을 주고 더 성장할 수 있는 발판을 마련해주고 싶다. 비록 부모의 이혼이라는 것이 아이에게 상처가 되었겠지만, 그 상처를 딛고 더, 큰사람이 될 수 있다는 가능성을 믿어본다. 믿는 대로 아이는 자라니까.

싱글맘 통장이 텅장인 이유

"한 부모 가정이면 정부의 혜택을 받을 수 있을걸? 한번 잘 알아 봐."

이혼을 선택했을 때 주변 사람들은 이렇게 말했다. 하나라도 뭔가 받을 수 있겠지 하는 기대가 있었다. 하지만 한 부모 가정이라고 받을 수 있는 혜택은 전무했다. 믿어지는가? 한 부모 가정이 혜택을 받으려면 최저시급 이하의 급여를 받고, 자동차도 없거나 있다면 아주 오래된 작은 자동차만 소유해야 했다. "최저시급 이하의 급여와 뚜벅이로 살면, 과연 아이는 어떻게 키우라는 거야?" 하는 말이 절로 나왔다.

아이를 어린이집에 보낼 때도, 유치원에 보낼 때도, 초등학교에 보낼 때도 한 부모여서 받은 혜택은 없다. 한 부모면 당연히 어린이집을 보내거나 유치원을 보낼 때 1순위일 줄 알았는데, 그것 역시 저소득 한 부모일 경우에만 가능했다. 초등학교에 입학 후 돌봄 교실을 신청했다. 역시 한 부모로 인정받지 못했다. 저소득 한 부모가 아니었기 때문이다. 한 부모임을 학교에 공개하되 한 부모 혜택을 받지 못한다니 왠지 억울했다. 결국 퇴근 시간에 맞추어 아이의 학원 스케줄을 잡았다. 학원뺑뺑이가 시작된 것이다. 가벼운 지갑이 더 가벼워졌다.

이혼 전에는 남편의 급여로 가정경제를 꾸렸다. 그의 급여가 많지는 않았지만, 시부모님의 원조가 있었다. 아이에게 최고 좋은 것들만 사주지는 않았지만, 남들 다 하는 것보다는 하나라도 더 해줘야지 하고 썼던 것 같다. 일 년에 한 번 해외여행, 백화점에서 사는 옷가지, 육아에 대한 스트레스로 가끔 사는 사치품들이 있었다. 돈을 펑펑 쓰지는 않았지만, 빈말로도 알뜰하게 살지는 않았다. '복직하면 그때부터 모으면 된다'라는 마음으로 한 달에 적금으로 일정 금액을 제하고 썼다.

이혼하고 싱글맘이 되어 가장 고민했던 것은 과연 내 급여만으로 둘이 살 수 있을까 하는 것이었다. 여태껏 써왔던 것들을 그대로 유지한다면, 생활이 불가능했다. 심지어 대출이 생겼다. 처음 내본 대출을 갚으려니 힘겨웠다. 월급을 온전히 다 써도 부족한데, 언제 대출까지 갚을 수 있나 속이 울렁거렸다. 심지어 일이 힘들어도 그만둘 수 없을 것이고, 가장이 되어 평생 벌어야 한다니 답답했다. 앞으로 명품가방은 살 수도 없을 거라 생각하니 슬퍼지기도 했다.

하지만 혼자 벌어 마음대로 사용하니 마음이 편했다. 소비할 때 남편의 눈치를 보지 않으니 돈 쓰는 맛이 났다. 대출이 생겨 두려웠지만, 내 명의의 집이 생겼다. 결혼생활 중 그의 눈치가 소비 브레이크였지만, 싱글맘이 된 후 아이의 웃음이 소비 브레이크가 되어주었다. 명품에 관한 관심도 없어졌다. 지금 생각해보면 질릴 만큼 가졌었나 보다. 결국은 이혼했으니, 그때 산 것은 참 잘한 일 같다^^.

싱글맘이 된 첫해는 과도기였다. 누군가 나와 아이를 쉽게 생각할까 봐 외적인 치장에 많은 돈을 썼다. 사람이 무언가 있어 보이면, 왠지 쉽게 대하기 어렵지 않은가? 없지만 있어 보이고 싶었다. 친구가 해외여행을 갔다고 하면 나도 아이와 해외로 떠났다. 친구 아들이 몽클레어 점퍼를 입고 오는 날엔, 나도 버버리 점퍼를 사주었다. 통장이 텅텅 비었다. 안정적인 직장이라 정년까지 근무하면 노후를 스스로 책임질 수 있었지만, 아이가 성인이 되고 나서까지 경제적인 지원을 할 능력은 없다는 위기감이 들었다. 그가 양육비를 지급하지 않을 가능성도 컸고, 아이가 성인이 된 이후는 경제적인 지원을 하지 않을 것이다.

뒤늦게 위기감이 닥쳤다. 당장 가계부를 쓰기 시작했다. 쓰지 않던 가계부를 작성하는 것도 오랜 시간이 걸렸다. 처음 가계부를 쓸 때는 소비하는 금액을 모두 기록했다. 1원 단위까지 맞지 않으면 몇 번이고 계산기를 두드리기도 했다. 가뜩이나 돈도 없는데, 맞지 않은 가계부를 보고 있으면 화가 났다. 가계부를 써야 소비가 준다고 하는데 막상 1년째 써도 소비가 줄지 않았고, 통장은 점점 텅장이 되고 있었다.

우연히 네이버 카페 '월급쟁이 재테크 연구 카페'에서 가계부를 작성하는 게시판을 발견했다. 무턱대고 가계부를 적는 것이 아니라, 생활비를 줄이는 가계부를 작성하는 방법이 따로 있었다. 이전에 작성한 가계부를 소비목록에 따라 분류했다. 숨만 쉬어도 지출되는 목록(고정지출)과 노력으로 줄일 수 있는 목록(변동지출)으로 나누었다. 가계부 선배들이 숨만 쉬어도 지출되는 목록을 최대한 먼저 줄인 후 시작하라고 조언해 주었다. 그 대표적인 것이 보험이었다. 보험에서 줄일 수 있는 특약은 빼고, 해지할 수 있는 것은 해지했다. 당장 쓸 돈도 없는데, 미래의 불안을 위해 보험에 큰 금액을 지출하는 것이 아니라는 말에 설득되었다.

"아이가 학교 가방을 메면 더더욱 소비가 커져. 사교육을 늦게 시작하는 것이 좋아"라는 조언을 들었지만, 아빠 없는 아이라서 위축될까 봐 5세부터 사교육을 시작했다. 그 비용이 한 달에 50만 원 정도였는데, 지금 생각하면 잘못한 선택이었다. 5세부터 시작한 사교육이 6세가 되자 100만 원까지 뻥튀기되었다. 교육비를 줄이려고 노력을 했지만, 10세가 되어서야 간신히 70만 원으로 줄일 수 있었다. 5세 때 시작한 사교육을 아이는 기억하지 못한다. 특별한 아이가 되지도 않는다. 선배 엄마들은 사교육에 드는 금액이 200만 원까지 오를 거라고 했다. 200만 원이면 내 월급의 60% 수준에 달한다. 아이의 사교육은 엄마의 퇴근 시간에 맞추는 정도로 해도 충분하다. 초등학교에 다니고 있다면 돌봄 교실이나 방과 후를 조합하여 최대한 적은 금액으로 시작해 보는 것이 싱글맘에게는 맞는 것 같다. 이미 여러 학원을 다니며 경험하는 것을 좋아하는 아이는 결코 학원을 그만두려 하지 않는다. 그러니 애초부터 심사숙고해서 사교육을 시작하는 것이 맞다. 아이의 모든 요구를 다 들어주면 좋겠지만, 한정된 금액으로 모든 것을 다 들어주면 평생 텅장으로 남을 수밖에 없다. 100만 원에 달한 학원비를 70만 원으로 줄이기 위해 아이를 오랜 기간 설득해야 했다. 애초부터 신중하게 학원을 보냈다면, 이런 시간은 필요 없었으리라.

변동지출에서는 한 달간 사용하는 금액의 한계를 80만 원으로 정했다. 목표와 다르게 매달 예산을 넘어서 소비했다. 일을 하며 격한 스트레스를 받거나 육아에 한계를 느낄 때 나도 모르게 보복 소비했다. '시발비용'이란 말이 괜히 있는 게 아니었다. 그렇게 소비를 한 날에는 후회했다. 하지만 가계부는 꾸준히 작성했다. 그러자 80만 원 이하로 쓰는 달이 생기기 시작했다. 예산보다 적게 사용한 달과 많게 사용한 달이 번갈아 가며 생겼고, 지금은 예산에 맞추어 사용할 수 있다.

통장이 안정화가 되기까지 3년이라는 시간이 걸렸다. '지성이면 감천'이라고 포기하지 않았더니, 결국 비어있던 통장도 점점 채워졌다. 싱글맘으로 살면서 소비의 경중을 따져 소비할 수 있게 된 것이다. 내가 비중을 두는 소비는 아이의 교육, 미래의 가치가 향상될 것이라 생각되는 것, 감사의 마음을 표현하기 위한 지출, 아이와 추억을 쌓을 수 있는 소비다. 반면 유행이 있는 비싼 의류, 한순간의 미용(네일, 속눈썹 연장 등), 이쁜 쓰레기를 사 모으는 것에 지출하는 비용은 줄였다. 줄인 소비는 언제든 얼마든지 늘릴 수 있다.

이혼 전 걱정했던 것과 달리 혼자 아이를 키울 수 있는 능력이 있었다. 생각했던 것보다 훨씬 더 잘해나갔다. 세상에는 나쁜 것만 있지는 않았다. 싱글맘이 되어 소비를 절제하는 방법을 배웠고, 현명한 소비 습관을 길러나갔다. 가계부를 6년째 작성하니 이제 적절한 소비를 누릴 수 있다. 적당한 시기에 가장 적은 비용으로 호캉스를 떠나 아이와 추억을 쌓기도 하고, 여러 체험활동을 하기도 한다. 명품 사치재를 사는 대신 금을 산다. 투자의 목적보다 심리적 만족이다. 명품가방은 되팔면 그 가치를 인정받지 못하지만, 금은 사고 나면 기분 좋게 하고 다닐 수 있고 팔아도 제값을 받는다는 것을 이제야 피부로 깨닫고 있다. 아마 싱글맘이 되지 않았다면 이런 것들을 몰랐을 것이다. 물론 사모님 소리는 듣고 살았을 수 있겠지만, 그 속에 정말 나의 것은 없었을 것이다.

부부가 둘이 벌어 한 명의 아이를 키우는 것도 힘든 대한민국에서 싱글맘으로 혼자 아이를 키운다면, 텅장이 되는 것도 이상한 일은 아니다. 오히려 텅장이 아닌 것이 이상하다. 한 부모 가정이 되었다고 국가와 사회가 나를 도와주지 않는다. 싱글맘은 소득과 소비패턴이 기존과 달리 크게 바뀌고, 가장으로 살아야 한다는 심적인 압박감도 무척 커진다. 뿐만 아니라 싱글맘의 통장이 텅장이라면 서러운 것은 싱글맘인 나뿐이다. 결국 내 통장은 내가 지켜야 한다.

싱글맘인 이상 일부 금수저나 재산분할을 많이 받는 경우가 아니라면, 가장이 될 수밖에 없다. 심리적인 압박감은 싱글맘이든 외벌이 가정이든 가장이라면 모두 같은 것을 느낀다. 그들이 가지는 무게감과 싱글맘인 내가 가지는 무게감은 다르지 않다. 가장이라 마음이 무겁지만, 내가 벌어서 내가 원하는 곳에 소비하는 삶도 꽤 즐겁다. 그렇게 생각하면 마음이 조금은 가벼워진다. 평생 벌어야 한다는 압박감은 재테크 공부를 하는 원동력으로 승화시켜보면 어떨까? 싱글맘이 되었기에 경제적으로 힘든 것이 아니라, 재테크에 무지했기에 힘든 것이다. 싱글맘의 통장이 텅장이기 쉬운 것은 사실이지만, 아이도 책임져야 하니 통장을 채우기 위해 노력하고 채워낸다. 이왕 싱글맘으로 살아가는 거 텅텅 빈 통장으로 살아가는 것보다, 가득 찬 여유 있는 통장으로 살면 좋지 않겠는가?

1. 본인의 기준으로 고정지출과 변동지출의 목록을 정한다. 나의 목록은 아래와 같다.

고정지출 목록	변동지출 목록
보험, 주거, 가스비, 통신비, 교육비, 기부금액, 반찬비	식비, 생활용품, 미용, 교통, 병원, 취미생활, 아이 관련, 기타

2. 3~6개월 동안 사용한 소비에 목록을 부여한다.

지출	금액	지출목록
코스트코	310,000	식비
네일숍	35,000	미용비
아이옷	50,000	아이 관련

3. 고정지출을 최소화한다. 보험을 해지하거나, 통신사를 옮기는 등을 통해 한 달 고정으로 나가는 금액을 줄인다.

4. 변동지출을 통계 내어 한 달 변동지출 목표금액을 정한다.

식비	310,000	생활용품	160,000
미용	380,000	교통	150,000
병원	50,000	취미생활	100,000

아이 관련	200,000	기타	100,000
평균지출	130만 원	목표지출	110만 원

5. 변동지출 항목별로 10%씩 줄여나간다. 성공할 때까지 시도한다.

식비	270,000	생활용품	140,000
미용	340,000	교통	130,000
병원	40,000	취미생활	90,000
아이 관련	180,000	기타	90,000

6. 매달 반성의 시간을 가진다.

한 달 소득	한 달 지출	한 달 저축	올해 누적저축	대출잔액	순자산	총자산

7. 가계부작성을 습관화한다. 최소 6개월 이상이 필요하다.

짠테크가 유행이지? 작은 것에서 찾는 기쁨

　몇 년 전 욜로가 유행하던 것과 정반대로 극단적인 소비 절제를 하는 짠테크족이 늘고 있다고 한다. 갈수록 양극단적인 소비가 늘어나는 것 같다. 초고가의 물건을 사들이는 것과 반대로 카카오톡 거지방이 유행일 정도로 소비 절제를 하기도 한다. 짠테크는 짜다+재테크의 합성어로 꼭 필요한 것만 소비하는 것을 의미한다. 자린고비처럼 산다는 것의 MZ스러운 용어인 것이다. 절약뿐 아니라 휴대폰 앱 등을 통하여 출석 체크 같은 방법으로 포인트를 1원 단위까지 모으는 것도 짠테크의 일종이다. 얼마 전 이슈가 된 거지방이나 하루에 0원도 쓰지 않는 무지출 챌린지도 그 일종에 속한다. 왜 짠테크가 유행인가 생각해보니 고환율 고물가로 인한 소비심리 위축이 짠테크를 더 부르고 있는 것 아닐까? 하는 생각이 들었다.

　나는 소비하는 것을 무척이나 좋아했다. 직장생활을 하면서도 상사에게 깨질 때 시발비용이라며 하나씩 지르는 낙으로 살았다. 이혼

전에는 두 사람이 벌어 세 식구가 먹고살면 되니 한 번쯤 질러도 부족하지 않았다. 노후에 대한 걱정도 덜했다. 그는 그 지역 유지의 아들이었고, 물려받을 것이 많았다. 나도 오랫동안 경제생활을 할 거라 별다른 걱정도 없었다. 그러다 싱글맘이 되어 혼자 벌어 둘이 먹고산다고 생각하니 달라져야 했다. 돈 나올 구멍은 나밖에 없으니 소비하는 것만 좋아해서는 균형 있는 생활을 할 수 없었다. 예전처럼 살면 통장에 구멍이 나기 마련이었다. 짜임새 있는 소비를 하기 위해 이리저리 찾아보다 짠테크를 알게 되었다.

이혼 후 경제적인 관념을 잡아가는 것은 오히려 아이를 키우고 일하는 것보다 더 정답이 없었다. 소비와 절약에 관한 것은 일종의 신념과도 같았다. 젊을 때 고생은 사서 고생이고, 노후에 돈 없으면 더 서럽다고 생각하는 쪽과 자린고비처럼 아껴 쓰다 일찍 죽으면 그 돈 다 짊어지고 가지도 못할 텐데 젊어서 좀 누리고 살아야 한다는 극단적인 신념이 존재했다. 이혼 전 누리고 살아야 한다는 쪽이었는데, 이혼 후에는 돈 없는 노후가 더 서럽다는 것으로 생각이 바뀌었다. 내가 가진 소비 신념으로 짠테크는 고통스럽지만 해야 하는 것이었다. 만약 내가 전문직 고소득자였거나 자산이 많았다면, 짠테크는 고려하지 않았을 것이다.

소비를 하는 것은 즐겁고, 소비하고 싶은 마음을 참는 것은 고통에 가까운 행위다. 그런데 하루에 한 푼도 쓰지 않는 무지출 챌린지 등을 하면서 즐거워하는 사람들이 있었다. 하루에 만 원으로 살기 챌린

지나 한 달에 n회 이상 아무 돈도 쓰지 않는 목표를 두는 사람도 있었다. 대체 쓰지 않는 삶이 뭐가 즐거울까 하는 생각이 들었다. 하지만 유행에 편승해보자 하고 한 달 동안 10회 무지출 하겠다는 목표를 잡았다. 바로 실패했다. 하루에 0원을 쓰는 것은 어려웠다. 사고 싶은 것과 먹고 싶은 것이 많았다. 세상에는 예쁜 것도 너무 많고 삶을 편리하게 하는 것도 많아 보기만 해도 사고 싶었다. 처음 해본 극단적인 짠테크는 고통 그 자체였다. 내리 실패만 하다가 나만의 짠테크 기준을 세워보기로 했다.

극단적일 정도로 짠테크를 해보니 반작용으로 2~3달에 한 번씩 크게 소비하는 경험을 했다. 결국 평균으로 따지면 짠테크를 하지 않을 때와 같은 금액을 소비하고 있었다. 그래서 극단적인 소비 제한보다 매주 가계부를 쓰고 한 주를 반성하면서 소비를 조금씩 줄여나갔다. 쓸 곳은 쓰고 놀 곳은 놀았다. 외식, 의류나 미용에 드는 비용, 예쁜 쓰레기를 사들이는 것들은 대폭 줄이고, 여행이나 자기 계발을 위한 소비는 유지했다. 여행을 다니는 것은 큰 비용이 들었지만, 아이와 추억을 쌓는 것은 돈으로 바꿀 수 없는 경험이기에 여행에 대한 소비는 줄이지 않았다.

내 기준의 가성비 여행은 5성급 호텔 또는 리조트를 30만 원 안쪽으로 다녀오는 것이다. 어려울 것으로 생각되지만, 손품을 팔면 충분히 다녀올 수 있었다. 실제로 지난여름 연휴 기간 거제 소노캄에 투숙할 때, 워터파크를 포함하여 20만 원에 숙박했다. 여행을 포기할 수 없었기에 대신 최저가에 갈 수 있는 방법을 찾은 것이다. 다른 영역에서 많은 금액을 줄였기 때문에, 여행을 가는 것은 충분히 커버할 수 있었다. 소비 욕구가 폭발할 때는 다이소에서 예쁜 소품들을 몇 가지 사들였다. 그런 과정을 여러 번 거치고 나서 지금은 다이소에서 꼭 필요한 것만 사 온다. 경험으로 느낀 것이다. 짠테크를 통해서 한 달 변동지출을 120만 원에서 지금은 80만 원으로 줄여 생활하고 있다.

사고 싶은 것을 참는 것은 힘들었다. 하지만 한 달이 되고 두 달이 되니 많은 부분을 줄일 수 있었다. 어느덧 한 달 동안 10일을 소비하지 않는 목표는 수월하게 달성할 수 있었고, 일주일 중 반성해야 하는 소비는 거의 없어졌다. 짠테크를 해보니 소비에 대한 욕구 역시 통제할 수 있었다. 처음 혼자 소비를 통제하는 것이 힘들어서 친구들과 단체 카카오톡 방에 가계부를 공유하며 소비한 것을 서로 피드백했다. 이것이 절제에 많은 도움이 되었다.

필요해서가 아니라 사고 싶은 것은 앱테크를 통해 샀다. 곰돌이 눈알 붙이기 부업처럼 휴대폰 앱으로 출석 체크 등을 통해 10원씩 모았다. 유료 폰트나 휴대폰 테마 같은, 그냥 사기는 꺼려지지만 갖고 싶은 쓸데없는 것들에 소비했다. 토스뱅크의 매일 받는 이자도 취미 생활을 하는 데 사용했다. 웹소설을 읽거나 웹툰을 읽는 비용으로 책정했다. 인터넷에 앱테크를 검색해보면 정말 많은 정보가 있다. 가볍게 할 수 있는 출석 체크나 만 보 걷기를 통한 적립금 얻기, 입출금 통장의 예치 금액으로 하루하루 이자를 받는 시스템도 있고, 작물을 키워서 공짜로 수확을 받는 것도 있다. 많은 시간을 품을 들이는 것보다 하루에 할 수 있는 두어 가지를 시작해 보면 의외로 재미있다.

지출을 줄이는 짠테크보다 소비를 할 수 있게 하는 앱테크가 훨씬 재미있었다. 길을 걷다가 바닥에 떨어진 10원은 줍지 않지만, 앱상에서 10원을 얻는 것은 소중하고 모은 금액이 커지는 것은 뿌듯했다. 모은 금액으로 하고 싶은 것을 할 수 있다는 기대감도 있었다. 이런 기분으로 짠테크를 하는 재미를 느꼈다. 운전하다 주유할 때 꼭 최저가주유소를 찾아가는 기분과 비슷했다. 최저가주유소를 찾아가 주유할 때 뿌듯하지 않은가? 꼭 필요한 것을 사는 습관으로 건강한 스트레스를 받고 무지출 했다는 뿌듯함을 얻었다. 또 앱테크를 통해 갖고 싶었던 것을 사는 재미를 느끼며 짠테크의 삶으로 사는 것에 가속도가 붙었다.

재테크를 시작하는 주변 친구들이나 동료와 함께 시작하는 것도 좋고, 주변에 마땅한 사람이 없다면 가계부를 함께 쓰고 짠테크하는 모임에 들어가는 것도 좋다. 여의찮다면 챌린저스 등과 같은 유료 앱을 통해 소정의 금액을 지불하는 것도 초기에 습관을 잡는 도움이 될 것이다. 이것도 저것도 만족스럽지 않은 상황이라면 유튜브를 통해도 좋다. 이미 짠테크 선배들이 그 속에는 가득하다.

극단적인 지출통제나 짠테크를 하는 것보다 쓸 데 쓰고 아낄 데 아끼는 것이 좋다. 지출에도 균형이 필요한 것이다. 만약 가진 것이 없고 당장 사업자금이나 단기자금이 필요한 경우에는 극단적인 소비통제가 필요하지만, 미래를 위한 지출통제를 하고 싶다면 이런 형태의 소비패턴이 스트레스가 적고 오래 유지할 수 있다. 스트레스를 받아서 힐링이 필요할 때 곧 여행을 떠날 수 있다고 생각하면, 스트레스도 물욕도 줄어든다.

극단적인 소비통제를 할 때는 반작용으로 2~3달에 한 번씩 지출이 폭발하기도 했다. 지금은 무엇을 사지 못해 스트레스받는 일은 거의 없다. 전체적인 물욕이 줄어들었다. 오히려 쇼핑하는 데 드는 에너지가 아쉬운 경지에 이르렀다. 스트레스를 받을 때마다 여러 가지를 사던 내가 이렇게 된 것이 신기하다. 하지만 그런 나도 무언가가 사고 싶고 기분전환을 하고 싶을 때가 있다. 그때는 거창한 것은 아니고 전체가 금으로만 만들어진 14k나 18k 세공비가 빠지는 특가상품을 산다. 최소한 내가 팔아야 할 상황이 왔을 때 제값을 받을 수 있고, 기분전환도 함께 할 수 있는 것은 금이 최고라는 것을 알았기 때문이다.

당장 사고 싶은 것을 마음껏 사다가 갑자기 사지 못하면 힘들고 고통스러운 감정이 먼저 들 것이다. '내가 무슨 부귀영화를 보려고 이런 것까지 아끼는 걸까?' 하는 생각이 들기도 했다. 이거 모아서 부자가 되는 것도 아닌데 싶은 마음이 들 수도 있다. 하지만 그 시기를 견디고 푼돈이 모여서 큰돈이 되는 걸 겪고 나면 생각이 달라진다. 밑져야 본전이고 짠테크를 한다고 손해 볼 것은 없지 않은가? 우선 한

번 해보는 것은 어떨까? 해보고 정 아니다 싶으면 그때는 다시 원래 쓰던 소비패턴으로 돌아가면 된다. 할 수 있는 것부터 하나씩 해보는 것이다. 한 달 사용하는 생활비를 줄이기는 어렵지만, 늘리는 것은 쉽다. 우선 줄이고 모아보고 그 뒤에 아쉬우면 다시 늘리는 것은 언제든지 하면 되는 것이다. 하지만 이미 큰 씀씀이를 가졌다면 안정적인 가정경제를 꾸리기가 점점 어려워질 것이고 퇴직이 가까워질수록 큰 부메랑으로 돌아올 가능성이 높다. 혼자 벌어 둘이 생활해야 하는 싱글맘은 특히 정신을 똑바로 차리고 제대로 소비해야 한다.

잘못 산 내 집으로 시작한 재테크 공부

'내 집 마련의 꿈'이라는 표현이 있을 만큼 내 집을 마련은 일생일대의 바람이다. 내 집을 마련하는 어려움이 큰 만큼 내 집이 있을 때 안정감도 크다. 내 집이 없다면 2년마다 주거지를 옮겨 다녀야 한다는 번거로움과 불편함이 있고, 집주인의 눈치도 보게 된다. 아이가 자랄수록 이 불편함은 커진다. 나도 역시 그랬다. 불안한 싱글맘의 삶에서 안정감을 조금이라도 더 갖고 싶어 내 집 마련을 하고, 그 집에서 잠들던 첫날밤 뿌듯한 기분을 잊을 수 없다. 한편으로 믿기지 않고 또 한편으로 든든하기도 했다. 아마 내 집을 처음 마련한 사람들이 공통적으로 하는 생각 아닐까? 내 집에서 산다는 것은 전남편의 집에서 살 때나 부모님 집에서 얹혀살 때와 180도 달랐다. 특히 집값이 오를 때도 내릴 때도 180도 다르게 다가왔다.

손을 떨며 대출받아 마련한 대단지 신축아파트는 너무 좋았다. 창으로 보이는 정원 같은 조경이나 1층이 주는 편리함 등에서 '아 신축은 1층도 좋다 좋아. 역시 사람은 새집에서 살아야 하는구나!'라는 생각이 들었다. 아파트 단지 안으로 차가 다니지 않아서 안전했다. 여름이 되어갈수록 거실 창으로 보이는 조경은 더욱더 예뻐졌다. 싱그러운 조경 뒤로 우거진 나뭇가지들을 타고 집 안으로 개미군단이 들어왔다! 집안에 개미 한두 마리쯤 있을 수도 있지, 하는 수준이 아니었다. 셀 수도 없을 정도의 개미군단이었다. 마치 개미집을 통째로 우리 집에 옮겨 놓은 것 같았다. 세상에서 그렇게 많은 개미를 본 것은 우리 집 거실이 처음이었다. 청소기로 빨아들여 방출할 수 있는 수준을 넘어섰다.

거실 창의 커튼을 걷으니 가장자리를 따라 새카맣게 개미들이 줄지어가고 있었다. 귀엽게 한 줄씩 지어 가는 것도 아니고, 수천 마리가 떼를 지어 지나가고 있었다. 그 개미들은 거실뿐 아니라 서재 방까지 점령하여 무리를 지어 다니고 있었다. 개미가 한두 마리만 출몰했더라면 개미 약을 뿌려서 퇴치했을 텐데, 정말 수천 마리의 개미가 있어서 개미 약을 다 칠 수조차 없었다. 일부는 비오킬을 뿌려서 퇴치했는데, 퇴치한 개미 떼들의 시체 위로 더 많은 개미 떼가 줄지어 이동하고 있었다. 도무지 혼자 해결할 수 없겠다는 생각에 친정엄마를 호출했고, 엄마와 나는 창문을 다 열고 비오킬 세 통을 뿌려 개미들을 박멸했다. 그리고 일주일 뒤 또 개미군단이 쳐들어왔다. 이번에는 더 많은 개미가 들어왔다. 한번 겪었다고 저번보다는 노련하게 개미군단들을 퇴치했다. 아름드리 조경을 자랑했던 우리 집 거실 밖에 개미굴이 있었던 것이다. 그렇게 소름 돋는 장면은 여태껏 본 적이 없었다. 그해 세 번의 개미 떼를 퇴치한 후 잠잠해졌다.

겨울이 왔다. 1층집은 생각했던 것보다 추웠다. 적정온도로 맞춰둔 보일러가 수시로 돌아갔다. 신축아파트는 냉난방비가 적게 든다고 했는데, 1층은 예전에 살던 집에 비해 더 나왔다. 물론 구축 1층보다는 훨씬 적게 나왔을 것이다. 겨울이 되니 일조량이 더 적어졌다. 낮에도 거실 등을 켜두고 있어야 했고, 햇빛을 볼 수 있는 시간이 거의 없었다. 집 앞을 가리는 것도 없었는데, 하루에 해가 들어오는 시간은 2시간 남짓이었다. 퇴근하고 돌아오면 햇살의 일부도 찾아볼 수 없었다. 회사에서도 햇빛 하나 못 보고 일하는데, 집에서도 햇빛 하나 찾아볼 수 없는 것이 우울했다. 내 집에서 맞이한 첫해 겨울은 난방비 폭탄을 선물 받았다.

설상가상 집값도 내려가기 시작했다. 우리 집 옆으로 대단지 브랜드 아파트가 입주를 시작하니, 집값이 떨어지는 속도에 가속도가 붙었다. 아이가 편안하게 크고 층간소음을 일으킬 걱정 없이 잘살고 있는 것만으로 괜찮다고 자위했지만, 마음이 쓰렸다. 집값이 내려가니 집에 대한 애착이 줄고 다른 곳으로 이사하고 싶었다. 내 집이 떨어진 만큼 다른 집도 떨어졌으니 내 집을 팔고 다른 집에 이사 가면 되겠다고 생각했다. 하지만 내 집은 팔리지 않았다. 불패신화라는 초품아 대단지 신축이었지만, 팔리지 않았다. 우리 집보다 비싼 집도 팔리고, 우리 집보다 못한 것 같은 최고 못난이 2층도 팔리는데, 우리 집만 팔리지 않았다. 그때야 깨달았다.

'아, 내가 집을 잘못 샀구나.'

집값이 내려갈 때는 500만 원, 1,000만 원씩 눈에 보이게 뚝뚝 떨어졌다. 지금 짠테크 한다고 기뻐할 때가 아니었다.

내 집 마련을 준비할 때 베스트셀러 부동산 책 세 권을 읽었지만, 막상 살아보니 가장 중요한 것은 부동산의 흐름을 아는 것이었다. 부동산도 사이클이 있어 떨어지는 시기가 있고 오르는 시기가 있었다. 내 집 마련에 가장 중요한 것은, 초품아도 대단지도 아닌 싸게 사는 것이었다. 1주택은 언제든 사서 살면 괜찮다고 했지만 아니었다. 1주택이라도 오르는 주택을 사는 것이 맞았다. 그 어떤 집도 싼 가격에 샀다면, 충분히 좋은 선택이었을 것이다. 팔리지 않는 대단지 1층 신축아파트도 싼 가격이었던 좋은 시기에 샀다면, 훌륭한 선택이었을 것이다. 500만 원 단위로 떨어지는 집값을 보자, 재테크 공부가 필수라는 것을 뒤늦게야 깨달았다.

소 잃고 외양간을 고치는 격이었지만, 지금이라도 알아야 작은 자산이라도 지킬 수 있었다. 각종 부동산 카페에 가입하고 추천하는 책들을 읽어가기 시작했다. 다른 것보다 부동산 투자 선배의 경험담이 도움이 되었다. 처음에는 부동산 투자 선배가 많은 것을 알려주긴 했지만, 내공이 부족하니 실행할 용기도 없었고, 선배의 조언을 쏙쏙 받아먹을 수도 없었다. 시간이 지나 내공이 쌓이니 선배가 해준 이야기들이 주옥과도 같은 것을 이제야 알게 되었다. 재테크 공부를 통해 살고 있는 지역의 흐름을 보는 방법을 알았다. 같은 부동산 어플을 사용하고 있었지만, 거기서 정보를 뽑아내는 질도 달라졌다.

공부를 바탕으로 고향의 초품아 구축아파트를 경매로 샀다. 내 집 대출을 낼 때도 많이 떨고 밤잠을 이루지 못했는데, 경매로 아파트를 낙찰받는 것은 더 떨리고 어려운 일이었다. 낙찰받기 전 살고 있는 사람을 내보내는 명도에 대한 긴장감과 불안감도 컸다. 하지만 부딪혀 보기로 했다. 충분히 공부했고, 굉장히 저렴한 가격이었고, 싼 가격을 제외하고도 살고 싶은 아파트였다. 최초의 투자였다. 그 구축아파트는 2년 뒤 투자금의 배 이상의 시세차익을 얻고 매도했다.

재테크 공부는 정말 재미있었다. 돈은 생활에 밀접했고, 어떤 것보다 집중이 잘되었다. 경매, 공매, 급매 잡는 방법이나 상가의 입지를 보는 방법, 재개발 재건축 투자 방법, 토지의 가치 등 부동산과 관련된 것은 모두 공부했다. 강사료를 들이기도 하고 부동산 선배에게 전수받기도 했다. 생활과 밀접한 부동산으로 재테크 공부를 시작했지만, 틈틈이 주식이나 코인 등도 공부했다. 공부해보니 본인의 성향에 맞는 투자처가 다 달랐다. 주식이나 코인의 경우는 100~200만 원 정도만 매수해도 떨리고 오르내리는 것을 본다고 일에 집중할 수 없었다. 그래서 주식은 매일 일정한 금액을 사고 자산의 20% 범위까지만 매수하는 것을 목표로 하고 있다.

지금은 재테크 공부를 할 수 있는 방법이 무척이나 많다. 내 피와 같은 돈을 들여 집을 사는 만큼 꼭 재테크 공부는 선행되어야 한다.

특히 여러 가지 방법으로 부동산의 사이클과 흐름을 읽을 수 있는 공부는 필수다. 충분하게 공부하고 확신이 들었을 때 내 집 마련 또는 투자를 실행하면, 누구든 좋은 결과를 얻을 수 있다. 공부를 통해 집에 대한 믿음도 커진다. 부동산은 사이클이 있어 떨어지고 오르고를 반복하며 우상향하는데, 잘 샀다는 확신이 없으면 헐값에 팔게 된다. 나처럼 말이다.

잘못 산 내 집은 샀던 가격에서 내 연봉만큼의 손해를 보고 매도했다. 그 집을 전세 줄 수도 있었고 월세를 줄 수도 있었지만, 확신이 부족하여 손해를 보고 팔았다. 충분하게 공부하고 확신이 있었다면, 그 집을 팔지 않고 가지고 있었을 것이다. 손해를 보고 판 집은 손해 본 가격보다 두 배가 더 오른 상태다. 일 년에 1,000만 원을 모으는 것도 쉽지 않은 일인데, 얼마나 뼈아픈 경험인가?

나처럼 수박 겉핥기로 읽은 책을 믿고 무턱대고 내 집을 마련하는 행동은 어리석은 짓이다. 집을 사는 것은 돈 단위가 큰 만큼 잘못 매수했을 때 후회가 크다. 안 그래도 사는 게 팍팍한 싱글맘인데 집값까지 내려가면 정말 기분이 나쁘고 우울해진다. 반면 집값이 오르면 기분이 너무 좋아진다. 이혼도 잘한 것 같다는 생각이 두 배로 들고, 자신감도 함께 상승한다.

혼자서 가정경제를 꾸려야 하는 만큼, 내 집 마련을 하는 첫 부동산 매수는 나처럼 실패하지 않고 꼭 싼 가격에 좋은 집으로 선택하길 바란다. 이혼 후 내 집 마련은 바로 하지 않아도 된다. 한 템포 늦춘 뒤 충분하게 공부하고 사도 늦지 않다. 이것을 나는 이제야 알았다. 충분한 공부 후에 마련한 지금사는 집은 확신이 있었다. 내 마음속 진정한 내 집 마련은 지금 살고 있는 집이라고 생각한다. 처음 마련한 집은 절대 팔지 말라고 했던 투자 선배의 말처럼, 이 집을 절대 팔지 않을 생각이다. 그리고 계속되는 재테크 공부를 바탕으로 퇴직을 꿈꾸고 있다.

면접과 양육비의 황금비율이 있다면?

　나는 요리에 소질이 없다. 요리할 때는 레시피가 없으면 만들 수 없고, 양념장의 황금비율을 검색해서 만들지 않으면 망한다. '신이 내린 비율'이라는 황금비율은 삶 속에 안정감과 기쁨을 준다고 한다. 치킨은 반반 무 많이, 매실청은 매실 10 설탕 10, 소맥은 소주 3 맥주 7이 황금비율이 아닌가? 애플사의 로고, 다비드상, 파르테논 신전의 공통점도 황금비율이라는 것이다. 보기도 좋고, 먹기도 좋고, 즐거움마저 주는 이 황금비율의 예들이 사실은 황금비율이 아니라는 것을 알고 있는가?

　이혼가정에서 양육을 위한 황금비율은 양육비와 면접 교섭에 달려있다. 양육자의 입장에서 양육비는 많을수록 좋고, 면접 교섭은 일정하고 잦을수록 좋다. 면접하지 않는다면 양육자 본인의 마음은 편하겠지만, 아이의 마음은 고통스러울 것이다. 반면 비양육자의 입장에서는 양육비는 적을수록 좋고, 면접 교섭은 비양육자의 일정에 맞출 수만 있으면 좋겠다. 이상적인 상황은 아이를 온전히 키울 수 있는 넉넉한 양육비와 아이가 원할 때마다 만날 수 있는 무한대의 면접 교섭이다. 하지만 이는 양육자도 비양육자도 들어줄 수 없다. 가정이 해체되면 우리가 아닌 나로 살기 때문이다. 그래서 이혼할 때 법으로 양육비와 면접 교섭의 횟수를 정해두는 것 아닐까? 하지만 양육비도 면접 교섭도 아이가 성인이 될 때까지 지켜지는 경우는 극히 드물다. 초심이 끝까지 유지되는 경우가 거의 없다. 둘 중 어느 하나라도 약속된 정상궤도에서 이탈하면 파국으로 치닫게 되기도 한다.

이혼 사유가 다양하듯, 면접 교섭과 양육비를 지급하는 형태도 다양하다. 양육비 없이 면접 교섭만 하는 가정, 면접 없이 양육비만 받는 가정, 양육비와 면접 교섭을 정해진 대로 지키는 가정, 양육비는 대중없이 주고 면접만 주기적으로 하는 가정, 양육비는 잘 주고 면접은 비양육자가 하고 싶은 만큼 하는 가정, 양육비와 면접 모두 비양육자 마음대로 불규칙한 가정, 둘 다 하지 않다가 중간에 다시 개시되는 가정 등 가지각색이다.

설상가상 부모 중 누군가가 재혼을 하게 되는 경우는 더 복잡해진다. 새로운 가정에도 충실해야 하기 때문이다. 그게 비양육자이든 양육자이든 말이다. 비양육자가 재혼할 경우 양육비를 매달 지급하고 정기적인 면접을 하는 것이 부담스러워질 수 있다. 양육비도 면접도 줄이고 새 가정에 충실하고 싶을 것이고, 본인을 위해 당연히 새 가정에 충실히 해야 한다. 양육자가 재혼할 때 양육비는 받고 싶지만,

면접은 하고 싶지 않을 것이다. 아이가 온전히 새 가정에 적응하는 데 필요한 것일지도 모른다. 대다수는 아이보다 양육자의 마음이 편하기 위해 선택하는 것이지만, 그게 옳은 것일까? 아이를 생각하지 않은 이기적인 어른들의 결정일 수도 있다.

　우리 집의 경우 면접 교섭은 없고, 양육비는 합의된 금액의 일부를 받고 있다. 이혼 조정할 때 매주 면접하겠다고 그가 요구했다. 하지만 그의 생활방식이나 거리상 규칙적으로 면접하기 쉽지 않았다. 불규칙한 면접은 아이를 오히려 혼란스럽게 하니 2주에 한 번이나 한 달에 한 번 실시하면 좋겠다고 설득했다. 하지만 어떤 일이 있어도 매주 면접하겠다고 이야기하던 그는 두 번의 면접을 마지막으로 아이를 만나러 오지 않았다. 면접을 이행하라고 설득하기도 하고 이런 식이면 앞으로 평생 면접하지 않는 것으로 알겠다고 화를 내기도 했다. 그래도 면접을 이행하지 않고 있다. 양육비도 정해진 날에 지급되는 경우가 거의 없다. 올해부터 약속된 금액을 지급하지도 않는다. 그래도 6년 동안 정해진 양육비를 받은 것에 감사해야 하는 것일까? 내 입장만 생각하면 면접하지 않으니 좋다. 그와 엮일 일도 없고, 엮이고 싶지도 않다. 다른 싱글맘들은 면접 교섭을 하지 않는 우리 집을 부러워하기도 했다. 나만 생각하면 아주 황금비율인 것이다.

　면접은 하지 않고 양육비만 받는 나는 마음이 편안했지만, 아이의 심리적인 상태는 널뛰었다. 아이가 아빠를 그리워하며 눈물로 매일을 보내지 않았지만, 이따금씩 그리움으로 몸부림치는 날이 있었다.

어렸지만 가족이 걱정할까 봐, 학교에서 학원에서 드문드문 그리움이 튀어나올 때마다 아빠가 나를 버렸다거나 죽었다는 표현을 했던 것이다. 해결해 줄 수 없는 문제로 힘들어하는 아이를 보는 것은 고통스러웠다. 아이의 속이 문드러지는 것을 보니 차라리 내 속이 터지고 싶었다.

아이 입장에서는 면접 교섭을 하지 않아 생기는 그리움과 슬픔이 자신의 세상 속에서 큰 부분을 차지하는 것은 당연할지도 모른다. 면접 교섭을 이행해달라고 요구했지만, 어느 순간부터 전화와 카카오톡, 문자에 답이 없었다. 그가 새로운 가정을 꾸린 것이다. 아마 아이는 앞으로도 쭉 면접하지 못할 것이며, 양육비를 받을 가능성도 점점 더 낮아질 것이다. 전남편이 면접 교섭을 할 의지조차 없기에 황금 비율을 따질 수도 없는 노릇이다. 이와 같은 경우를 보면 아이가 가슴을 치며 슬퍼하느니, 차라리 면접 교섭을 하는 게 낫지 않을까? 한편으로는 오히려 면접하지 않는 것이 아이의 심리적인 기복을 줄일 수 있을지도 모른다. 이혼한 지 7년이 된 나도 양육비와 면접의 황금 비율에는 자신이 없다.

양육비를 마음대로 퐁당퐁당 지급하거나, 아예 지급하지 않는 경우, 면접 교섭을 무기 삼아 면접을 피하는 양육자들의 이야기는 흔하다. 엄마의 입장에서 면접 교섭을 할 때마다 아이들의 감정이 흔들리는 것을 보고 혼자 감당해야 하는데, 전남편은 편하게 살며 양육비도 지급하지 않는다면 분노가 치밀어 오르는 건 당연한 일이다. 부부와의 인연은 끊어져 남남처럼 지내더라도 아이에게는 책임을 다해야 하지 않은가? 억울한 마음이 들지 않을 수 없다. 하지만 양육비를 제대로 지급하지 않더라도 아이가 아빠를 만나기를 원한다면, 최대한 만날 수 있도록 도와야 하지 않을까?

친구 A도 전남편이 갑자기 양육비를 자기 마음대로 50% 이상 줄여서 퐁당퐁당 지급하기 시작했다. 친구는 양육비 때문에 면접 교섭을 시키지 않겠다는 마음이 들었다고 한다. 일부러 면접 교섭을 하는 주말에 이벤트 만들어 여행을 가기도 하고, 아이의 컨디션을 핑계로 만나지 못하게 한 경우도 있었다고 한다. 하지만 아이는 계속 아빠가 보고 싶었다. 엄마의 마음과는 다르게 아이는 아빠와 함께하는 소중한 주말을 기다렸다. 결국 A는 아이가 아빠와 만나는 것을 방해하지 않기로 했다. 본인의 힘듦보다 아이의 힘듦을 더 깊이 공감하기 때문이다.

마음 같아서는 아이의 머리카락조차 보여주기 싫을 것이다. 하지만 면접은 아이의 권리다. 아이의 정서를 위해서다. 아이가 비양육자인 부모를 보고 싶지 않다고 이야기하기 전에는, 마음이 타오를 정도로 화가 나도 아이를 위해 협조해주어야 한다. 교통사고와도 같았던 부모의 이혼을 홀로 견뎌야 하는 아이의 마음을 달랠 수 있는 유일한 방법일 수도 있다. 양육비는 아이의 복지를 위해 약속된 금액을 당연히 받아야 한다. 양육비를 받지 못하는 경우, 아이의 복지를 위해서라도 받아 내려 노력해야 한다. 하지만 그것과 별개로 양육비를 주지 않는다고 아이를 안 먹이고 안 입히고 안 키울 것은 아니지 않은가? 양육비를 제대로 주지 않은 전남편이 나쁘지만, 아이의 그리움은 그와 별개로 채워져야 한다. 결국 양육비와 면접 교섭의 황금비율은 없는 것이다. 어쩌면 양육자에게는 속 터짐만 있을 수도 있다. 아이를 키우며 양육비와 면접에 있어 손해만 보아야 한다는 생각이 들 때도 있을 것이다. 나는 지금까지도 그런 생각들이 종종 든다.

생각을 전환해 보는 건 어떨까? 당연히 받아야 하는 양육비지만 그래도 꼬박꼬박 제때 지급하기만 해도 감사하자. 양육비를 주지 않아도 면접은 시켜준 뒤 양육비이행원에 접수해서 받아 내자. 아이가 보고 싶을 때 아빠를 만날 수 있는 환경에도 감사하자. 아이가 가슴을 치며 그리워하는 모습을 보지 않는 것만 해도 감사할 일이다. 물론 약간 억울한 마음은 든다. 어떤 방식이든 마음에 드는 면접과 양육비는 없을 것이다. 심지어 언제 끊길지도 모른다. 양육비와 면접 교섭으로 전 배우자와 다툰다면, 그 사이에 있는 아이만 더 곤란해지지 않을까? 사랑하는 엄마와 아빠의 이혼으로 이미 터진 아이의 남은 가슴만은 지켜주자.

특명! 할세권을 찾아라

'브역대신평초'라는 말을 들어본 적 있는가? 집을 선택할 때 중요하게 고려하는 구성요소의 초성을 딴 말이다. 브랜드, 역세권, 대단지, 신축, 평지, 초등학교의 앞 글자를 땄다. 육각형 남자처럼 집도 '브역대신평초'의 육각형을 꽉 채울수록 살기 좋고, 집값도 많이 오를 가능성이 높다고 한다. '6가지 모두를 만족하면 선호도가 가장 높고, 4가지 정도를 충족하면 손해 보지는 않는다'라는 이야기가 있을 정도다. 집을 선택할 때 이런 요소 말고 학세권(학교, 학원이 가까운 입지), 몰세권(쇼핑몰이 가까운 입지), 숲세권(숲이나 공원이 가까운 입지) 등이 있다. 이 중 싱글맘에게 가장 중요한 요소는 무엇일까?

싱글맘에게 가장 중요한 것은 초품아도, 역세권도, 숲세권도 아닌 바로 할세권이다. 할세권은 조부모의 집과 가까이 곳에 집을 구해 조부모가 아이를 돌봐주기 편한 거리에 산다는 뜻이다. 같은 아파트 단지에 살거나 바로 옆에 붙어있는 아파트에 사는 경우가 바로 할세권이다. 할세권은 아이를 키울 때 싱글맘뿐만 아니라 워킹맘에게도, 가능하다면 전업주부에게도 가장 필요한 조건이다. 아이가 어릴수록 할세권의 중요성은 높아진다. 아이가 어리면 갑자기 아플 가능성도 크고, 교육기관의 일과도 일찍 종료된다. 언제 어디서 무슨 일이 일어날지 모른다. 그중 아이가 초등학교 가방을 메고 입학하는 8세에는 할세권의 필요성이 극에 달한다. 유치원이나 어린이집이 5~6시에 마치는 것과 달리 초등학교 저학년은 1시에 마친다. 1시도 이른 시간인데, 입학 적응 기간에는 12시 전에 하교하게 된다. 심지어 점심을 먹지 않고 하교하는 학교도 있다. 엄마에게는 재난과도 같은 상황이다. 맞벌이 가정일 경우 번갈아 연차를 쓰면서 버틴다 쳐도, 싱글맘들은 그렇게 하다가는 아마 퇴사를 종용받을 것이다.

잘못 산 내 집을 팔고 아이의 초등학교 입학 시기에 맞추어 제3의 도시로 이사를 했다. 브랜드를 제외하면 싱글맘이 아이를 키우기 적합한 환경이었다. 아이는 집 현관문을 나서 학교까지 걸어서 5분, 뛰어서 3분이 걸렸다. 아이를 키우기 최적화된 곳이지만, 3월 입학식부터 가시밭길이 펼쳐질 것을 알고 있었다. 나는 일 때문에 아이의 입학식에 참여할 수 없었다. '되는대로 해야지 어쩌나. 엄마랑 둘이 사는데 어쩔 수 없지 뭐. 이가 없으면 잇몸으로라도 살아야 하지 않겠는가?' 하며 스스로를 달랬다. 심지어 코로나 시기인 것이 고맙게 느껴졌다. 최소한 강당에서 요란하게 입학식을 치르지는 않을 것이니까! 이렇게 고민하는 모습을 보고 엄마도 함께 고민이 깊어졌다. '희망퇴직을 하고 소영이가 급할 때마다 도와야 하지 않을까?' 하고 여러 번 고민하셨다. 엄마의 직장동료들은 손자에게는 돌봄보다 돈이 더 필요할 것이라 말하며 엄마의 퇴직을 말렸다. 하지만 엄마는 고민 끝에 퇴사를 결정하셨다. 만세!

할세권이 간절했다. '엄마를 설득해 같은 아파트로 이사를 오시게 해야겠다'라는 생각으로 작전을 짰다. 평생 한 아파트에 사신 엄마를 설득하기 시작했다. 내가 고향을 떠나자 주말부부였던 엄마는 고향에서 홀로 지내고 계셨다. 혼자 사시는 것보다 같은 아파트에서 왕래하고 살면 좋겠다고 이야기를 드렸다. 엄마는 이제 아빠 혼자 버는데 살고 있는 아파트보다 더 비싼 아파트로 이사 가는 것이 부담스럽다고 하셨다. 벌어둔 돈을 쓰고 살아야지, 경제적으로 쪼들려서 살기 싫다는 이유였다. 우선 좋은 것을 보여드리면 마음이 열릴 것 같아서 엄마를 모시고 새로 산 집을 구경했다. 그다음 주에는 아빠를 모시고 구경했다. 그 뒤는 동생을 데리고 와서 구경했다. 그리고 먼저 아빠를 설득했다. 아빠는 딸 근처에서 살고 싶다고 엄마에게 이야기하셨다. 아빠 입장에선 딸 근처에 살고 가족이 자주 모이는 게 더 정서적으로 좋다고 판단하셨다. 평생을 다니던 직장을 그만두신 엄마의 허함을 손자가 채워줄 수 있고, 엄마도 손자를 도울 수 있으니 얼마나 좋으냐고 엄마를 설득했다. 무려 6주 동안 새로 이사 간 아파트를 구경하며 결국 엄마를 설득해내었다. 6주 동안 아침 9시부터 오후 5시까지 부동산을 돌고 집 구경을 하는 하드코어한 일정을 소화하고, 드디어 우리는 할세권에 살게 되었다. "엄마가 오시니까 너무 좋다"고 아무렇지 않게 말을 했지만, 내 마음속은 삼바 춤을 출 정도로 신났다. 물론 할세권이 아니었더라도 잘살았겠지만, 어렵게 잘사는 것과 쉽게 잘사는 것은 질적으로 다른 삶이다.

엄마는 아이가 초등학교에 입학하기 전 이사를 오셨다. 60년을 넘게 살던 고향을 떠나 같은 아파트 다른 동, 걸어서 10분 거리로 이사 오셨다. 대단지여서 걸어서 10분 걸리는 것이 아쉽기는 하지만, 얼마나 좋았던지 모른다. 가장 좋았던 점은 아이가 밤새 아프고 아침이 되었을 때, 아픈 아이를 학교에 보내지 않아도 되는 점이었다. 병원을 예약해두고 출근하면 엄마가 아이를 병원에 데려가 주실 수 있었다. 두 번째로 좋은 점은 엄마 집에서 저녁을 얻어먹을 수 있는 것이었다. 너무 좋았다. 아이가 우리 집과 엄마 집에 오고 가니 자연스럽게 엄마 집에서 저녁을 해결하는 빈도가 늘었다. 아이가 엄마 집에서 저녁을 먹는 시간에 나는 운동을 할 수 있었다. 철없는 소리지만, 엄마 집에서 저녁을 해결하면 집안일의 강도가 50% 이상 줄어드는 기분이다. 엄마가 고향을 떠나오셔서 우울해하실까 걱정했지만, 우려와 달리 엄마는 고향 생각이 하나도 나지 않는다고 하셨다. 자식들이 다 근처에 있고 아빠마저 직장을 옮겨오셔서 여기가 내 집이구나, 내가 사는 곳이구나 하는 마음이 든다고 하셨다. 집값을 걱정하던 엄마는 이사 오신 후 급격한 시세 상승을 겪으셨다. 신축 새 아파트가 엄마의 노후 효자 노릇을 해주었다. 할세권이 되면서 엄마도, 나도, 아이도 모두 얻는 것이 많았다. 일거삼득이었다.

싱글맘이 되어 누구보다 혼자서 잘 살아낼 것이라는 마음은 다들 있을 것이다. 하지만 도움을 받을 수 있다면 받는 것이 좋겠다. 그것이 지나쳐 부모님의 삶을 뒤흔들 정도가 되는 것은 좋지 않지만, 아이를 키우는 부분에 있어서는 여러 명의 도움이 있을수록 좋은 것이 사실이다. 아이를 양육하는 무게는 여러 명이 나눠 가질수록 가벼워진다. 양부모 맞벌이 가정도 할세권에 살려고 하는데, 싱글맘이 굳이 할세권을 거부할 이유가 없다. 오히려 적극적으로 추천한다. 할세권으로 들어와 아이가 아플 때를 부탁하거나 식사 한 끼 해결하는 형태도 좋고, 이슈가 있을 때마다 교류하는 것도 좋다. 어떤 형태이든 도와줄 수 있는 부모님 근처에 있다는 것은 마음의 위로가 된다. 험한 세상에서 홀로 아이를 데리고 헤쳐나가는 것이 아니라 힘들고 지칠 때 쉬어갈 수 있는 대피소 같은 역할을 부모님이 해준다. 나처럼 부모님과 같은 아파트에 살아도 좋고, 아이가 어릴 때 부모님 근처에 임시로 2년 정도 전세나 월세로 거주하여 도움을 받는 형태도 추천하고 싶다. 할세권에 입성한 지 3년 차가 되어서 느끼는 점은, 아이가 생각보다 훨씬 더 빨리 자라고 부모님의 도움을 받을 시기는 짧다는 것이다. 하지만 이제는 나이가 들어가시는 부모님을 근처에서 돌보아 드릴 수도 있다. 서로서로 상부상조할 수 있는 것이다. 이런 관계가 되니 가족끼리 더욱더 돈독해졌다.

내가 아는 싱글맘, 싱글대디들은 대부분 할세권의 영향력에 있다.

같은 아파트 다른 동에 살기도 하고, 아예 합가해서 살기도 하며, 인접한 아파트에 살기도 한다. 부모님과 약간 어색한 관계일지라도 할세권에 산다. 특히 9 to 6의 근로 시간에서 벗어나는 형태의 일을 할수록 할세권이 필요하다. 아이가 주로 9 to 6의 시간으로 움직이기에, 교육기관과 학원에 기대더라도 비는 시간이 생기기 때문이다. 아무래도 할세권에 살면 싱글맘의 일손도 많이 덜어진다. 일손이 덜어지면 심리적인 여유도 생긴다. 할세권에 살게 되면서 장점만 있는 것은 아니지만, 단점을 다 덮을만한 장점이 있다. 꼭 할세권이 아니어도 좋다. 친언니나 동생이어도 괜찮다. 정말 친한 친구여도 된다. 누군가의 도움이 필요할 때 구원투수처럼 나서줄 수 있는 사람이 곁에 있으면 된다. 아무리 생각해도 도움을 줄 사람이 없다면 지역 내 육아공동체나 한 부모 가정 모임에서 도움을 받을 수 있다. 할세권이라고 표현한 이유는 일반적으로 구원투수의 역할을 가장 쉽게 할 수 있는 사람이 조부모이기 때문이다.

상황에 따라 할세권보다 아이와 나 단둘이 사는 것이 더 나은 환경일 수도 있다. 그리고 직장 등의 이유로 할세권에 살지 못하는 일도 있다. 그렇더라도 슬퍼할 필요는 없다. 단지 조금 더 좌충우돌이고 우당탕퉁탕일 뿐이다. 우당탕 시끄러워도 충분히 자립하여 잘 살수 있다. 단지 할세권이라면 엄마의 어깨가 덜 무겁고, 모두가 조금더 편할 수 있다고 말하고 싶다. 나는 이혼 후 아이와 단둘이 산 3년의 세월에도 무리 없이 아이를 잘 키워냈고, 할세권에 입성한 지 햇수로 4년의 기간은 더 편하게 아이를 키워냈다. 어떤 형태든 아이는 잘 키워낼 수 있다. 하지만 할세권으로 들어올 수 있다면, 자신의 시간도 가지고 마음의 여유를 찾을 수 있다. 싱글맘에게 자신의 시간과 마음의 여유는 정말 어디에서든 가지기 힘든 것이니까. 꼭 주변에 도움을 받을 수 있는 사람이 있으면 좋겠다.

Chapter
4

물리적 자유 대신
심리적 자유를
누리다

마음을 먼저 비워야 채워진다

나는 미니멀리스트의 삶과는 거리가 먼 사람이었다. 원래부터 소비욕구가 강한 편이고, 일상생활에서 불편한 것을 싫어한다. 그래서 방마다 휴대폰 충전기가 꽂혀있고, 언제든지 손만 뻗으면 충전할 수 있는 환경을 좋아한다. 안방에는 휴대폰 충전기가 세 군데 꽂혀있다. 거실이나 다른 곳도 비슷하다. 가계부와 짠테크를 꾸준히 실천하면서 미니멀한 삶을 살아가는 습관이 생겼지만, 소비를 좋아하는 성향은 아직 남아있다.

이런 내가 비우는 것의 중요성을 느낀 것은 바로 이사 덕분이다. 이혼 후 7년 동안 총 세 번의 이사를 했다. 이사 일이 정해지면 집에 있는 물건들을 하나씩 다 돌아본다. 물건별로 모두 수납장에서 꺼내고 버릴 것과 들고 갈 것을 고른다. 새로 이사 간 집을 정리할 때 수납공간이 꽉 차지 않게 여유를 두고 정리한다. 이사를 해보니 무언가를 정리하고 싶을 때는 물건들을 모두 한꺼번에 꺼낸 뒤 비우고 다시 채우는 것이 좋다. 진리는 시간과 인종과 영역을 초월한다. 비우는 것 역시 마찬가지다. 이사를 통해 정리는 있는 것을 모두 꺼낸 후 깨끗하게 비운 뒤 다시 채워야 하는 것임을 알았다. 이는 마음에도 동일하게 적용되었다. 마음을 정리하기 위해 마음속에 있는 모든 것을 꺼내고 다시 채웠다. 꼭 새것으로만 채울 필요는 없다. 엉망인 마음을 돌아보기 위해서 먼저 마음속의 모든 것을 꺼내야 했다.

누군가가 결혼을 하고 아이를 출산하고, 또 둘째를 가지고 출산하며 따뜻하고 화목한 가족의 모습을 보는 날에는 마음이 시렸다. 내가 그리던 가정이 저런 형태였는데…. 후회도 됐다. 아마 이런 감정은 평생 가지고 가야 할지도 모른다. TV 속 타인의 이혼 사유를 들을 때 내 일인 것마냥 생생하게 분노한 적도 있다. 불륜과 관련된 드라마나 영화를 보면 기억하고 싶지 않은 과거가 떠올라 껄끄러웠다. 아이에게 마음이 들지 않는 구석이 발견될 때나, 뭔가 전남편이 연상되는 때에는 아이에게도 날카로워졌다. 서류상 완벽하게 남남이 되어 정리되었지만, 마음속 분노는 해결되지 않은 채로 오래 지속되었다. 단지 싱글맘으로 살아가기 위해, 삶에 떠밀려 마음속 한구석에 묻어둔 채 지내왔다.

"어머니, 혹시 알고 계신가 해서요. 도운이가 수업 중 본인은 아빠가 없다는 이야기를 여러 번 했어요. 자연스럽게 넘기기는 했는데, 혹시나 도운이에게 불이익이 생기지 않을까 걱정되는 마음에 전화를 드립니다."

걱정 어린 담임선생님의 연락에 아이와 함께 사설상담실을 방문했다. 상담실을 방문하는 것은 쉽지 않은 결정이었다. 아이에게 문제가 있다고 인정하는 것 같기도 했다. 상담 비용이 커서 고민이 많았다. 하지만 아이에게 무언가 문제가 있고, 그것을 아이가 조리 있게 표현하지 못하였기에 상담을 해보기로 마음을 먹었다. 아이와 나는 상담실에서 검사를 받았다. 다행히도 검사 결과 아이는 건강한 심리적 상태를 가지고 있었다. 하지만 오히려 내 강박적인 성향이 아이와 맞지 않고, 그 성향이 양육 태도로 나타나 아이에게 좋지 않은 영향을 미칠 수도 있다는 이야기를 하셨다. 나는 상담사님과 상담하고, 아이는 성인 남자와 긍정적인 경험을 쌓기 위해 그 시간 동안 남자 선생님과 상담을 진행했다. 이혼의 아픔을 이야기하기에는 꽤 오랜 시간이 지났고, 이제는 괜찮다고 자부했는데, 막상 상담사님 앞에서 이야기를 시작하니 미처 비우지 못했던 슬픔과 원망을 알아차릴 수 있었다. 그런 힘듦과 원망이 삶을 무기력하게 하고, 그 결과 아이에게 예민하게 대하는 것이라 했다. 아이의 모습에서 그의 모습을 투사하기도 한다고 했다. 상담사님과 시간을 들여 마음을 비워나갔다. 그가 어떤 사람이었는지, 어떤 약속을 했는지, 결혼생활은 어떠했는지, 시부모님은 어땠는지, 외도는 어떻게 알게 되었는지, 상간녀소송은 어떻게 진행되었는지…. 여러 가지를 쏟아내었다. 부모님께도 말할 수 없었던 것들을 모두 이야기했다. 상담사님은 내 이야기를 어떤 평가도 없이 수용해주셨다. 그리고 따뜻한 차를 한잔 건네며 이렇게 이야기하셨다.

"소영 씨에게는 아무 잘못이 없어요. 남편이 절대 하지 않아야 하는 일을 했어요."

"상담사님, 전남편이 잘못한 것은 명백한데, 저는 제가 도운이를 키운다는 핑계로 전남편에게 소홀했던 것 같아요. 그래서 전남편이 외도를 한 것을 아닐까 하는 생각에 많이 괴로웠어요."

"소영 씨, 그런 일로 남자들이 불륜을 저지르는 건 말이 안 돼요. 소영 씨가 말한 것은 부부간에 있을 수 있는 사소한 해결 거리고, 불륜은 별개의 문제예요. 절대 그렇게 생각하면 안 돼요."

외도는 어떤 이유로도 설명되지 않을 잘못이라고 생각했지만, 막상 동의해주는 사람이 있다는 것만으로 딱딱하고 방어적이었던 마음이 많이 말랑해졌다. 상담을 진행하며 이혼할 때보다 더 많이 울었다. 이혼은 감정을 제외한 지나간 과거일 뿐이라고 생각했는데, 밑바닥에 남아있는 앙금이 생각보다 많았다. 그것들은 모두 내 안에서 녹아 눈물로 흘러나왔다.

많은 시간을 들여 나를 돌아보며 마음을 비워나갔고, '결혼생활도 좋았을 때가 있었다' 정도로 마음을 정리했다. 처음 연애를 시작했을 때 설레던 기억, 힘든 일에 처했을 때 누구보다 간절한 얼굴로 뛰어와준 일, 결혼식 날 너무 좋아 웃던 입매, 도운이가 태어날 때 감격해 아무 말 못 하고 눈물 흘리던 그 순간을 기억하기로 했다. 다 비워 낼 수 있었다면 더 좋았겠지만, 간장 종지 같은 마음 그릇으로는 이 정도가 최선이었다.

　단지 말을 했을 뿐인데, 마음속 분노가 많이 사라졌다. 모든 감정을 깡그리 지워버리는 것보다 아이가 아빠에 대해 물으면, 그래도 좋은 사람이라고 이야기할 정도는 남길 수 있었다. 이제 내 마음은 다른 것들을 채워도 될 만큼 가벼워졌다. 물론 한번 겪은 게 있으니 편견이 없을 수는 없지만, 나의 속도로 세상을 바라볼 수 있게 되었다.

　비워야 채워진다는 것, 이혼을 통해 깨달았다. 마음속 원망을 어딘가에 숨겨두고 덮은 채 앞으로 나아가는 것은 어려운 일이었다. 스스로에게도, 함께 하는 아이에게도 나쁜 영향을 미칠 가능성이 컸다. 이혼한 지 수년이 지나서야 내가 그때 아이에게 나쁜 영향을 주었구나, 하는 후회가 된다.

　기회가 닿아 상담이라는 형태로 비울 수 있다면 좋고, 만약 그럴 수 없다면 마음이 통하는 사람에게 차근히 비워내도 좋다. 들어주는 사람보다 말하는 주체인 내가 중요하다. 부끄럽고 창피해서 비참해서 말하지 않는 게 아니라, 내 속 깊은 곳 아무에게도 들려주지 못한 이야기를 할 수 있는 상대라면, 그 누구라도 괜찮다. 머릿속에 분명 떠오르는 사람이 있을 것이다. 지난 결혼생활을 비워내는 것은 오답이 없다. 답은 정해져 있고 말하기만 하면 된다. 나를 속속들이 아는 친밀한 사람에게는 오히려 말하지 못할 수도 있다. 나도 친한 사람에게는 이야기하지 못했다. 나를 전혀 모르는 제3의 인물에게 이야기하는 것이 편할 수도 있다. 그럼에도 마음을 말하는 것은 쉽지 않을 것이다. 하지만 용기를 내어 꼭 시도해보면 좋겠다.

마음을 비워내니 그동안 내가 얼마나 무거운 마음으로 세상을 살았는지를 알 것 같았다. 마음을 비우기 전의 삶은 두 다리에 큰 바위를 매단 채 바다에 빠진 것 같았다. 모두 비우고 나자 나는 쾌활함과 텐션을 되찾았다. 에너지가 생겼다. 새로운 것을 시도하고 싶어지고, 다른 사람을 만나는 것에 대한 거부감이 줄었다. '뭐 어때 괜찮아'라는 성향으로 바뀌었다. 원래도 긍정적인 편이었지만, 더 긍정적인 성향이 되었다.

이혼하고 나면 꼭 아이의 상담을 해보라고 권하는 사람이 많다. 이혼 과정에서 아이가 상처를 많이 받았으니 마음을 풀어낼 곳이 필요하다고 한다. 하지만 싱글맘이 상담을 먼저 받는 것이 우선이라고 말하고 싶다. 지난 관계 속에서 가장 상처를 받은 것은 바로 싱글맘인 나이기 때문이다. 내가 상처 속에서 허우적거리고 있다면, 아이에게도 좋지 않은 영향을 미친다. 엄마가 불행하고 상처 속에 사는데, 아이 홀로 행복할 수는 없다. 내 마음을 비우기 전에 더 좋은 것을 채울 수는 없다. 이미 마음속의 항아리가 꽉 차 있는 상태에서 더한 것을 붓는다고 달라지지 않는다. 오히려 깨끗하게 비울 때 새롭고 좋은 것들을 채울 수 있다. 나는 이 말을 참 좋아한다.

'새 술은 새 부대에 담아라.'

헌 부대에 담긴 지난 것들을 다 비워내고, 다시 시작할 때 새로운 것은 새 부대에 담아보는 게 어떤가?

나보다 아이를 먼저 생각해야 하는 이유

　세상에서 제일 소중한 사람은 나다. 그래서 나의 욕구와 마음속 간절한 욕망을 자주 생각해본다. 나를 가장 소중하게 생각했기에 이혼을 선택했고, 나를 가장 소중하게 생각했기에 할세권으로 입성했다. 인생에 큰 선택을 할 때 가장 중요한 것은 나였다. 그럼 아이는 별거아닌 존재인가? 하고 묻는다면 아니다. 단지 아이는 아이고 나는 나일 뿐이다. 일부러 나와 아이를 분리하여 생각하려고 노력한다. 내가 가장 소중한 만큼, 아이도 자신을 가장 소중하게 생각하면 좋겠다. 그것이 후회하지 않고 살아갈 수 있는 방법이라고 생각하기 때문이다.

　내가 제일 소중하고, 내가 원하는 것을 찾아 선택해온 삶이지만, 어떤 일을 겪을 때 아이의 상황을 먼저 생각하려 한다. 아이의 의견을 들어줄 수 있는 환경이라면 아이의 의견을 수용해준다. 아이가 가장 소중해서가 아니다. 아이의 의견을 수용해 가는 것이 결국은 내가 원했던 삶으로 가는 것을 알기 때문이다.

할세권에 입성한 뒤 주말의 자유가 생겼다. 일주일을 기다리는 시간이다. 아이는 금요일 일과를 마친 후 할머니 집으로 하교해 하룻밤을 잔다. 평화로운 주말 시간을 보낼 수 있다. 혼자 있는 주말에는 좋아하는 책을 읽기도 하고, 늦잠을 자기도 한다. 친구를 만나 일주일 일과를 이야기하며 술 한잔에 맛있는 저녁을 먹을 때도 많다. 서로에게 힐링의 시간을 보낸 후 아이와 못다 한 숙제를 함께 하거나, 아이의 주말 학원을 위해 픽업한다.

이 자유로운 주말에 아이에게 이슈가 생기면, 아이에게 모든 것을 맞추어 스케줄을 전면 수정한다. 이슈가 생길 때 아이에게 필요한 사람은 엄마이기 때문이다. 아이를 제대로 통제할 수 있는 사람도 엄마밖에 없다. 예를 들어 주중에 숙제를 지속적으로 하지 못했다거나 생활 습관이 바뀔 것 같으면, 주말에 내 시간은 포기한다. 아이의 습관과 패턴을 잡는 것에 온전히 시간을 투자한다. 아플 때나 외부 스케줄이 생길 때도 내 스케줄은 포기한다. 그동안은 아이를 온전하게 일상에서 최우선순위로 삼는다. 아이가 불안해서 생기는 여파는 생각보다 크다는 것을 알기 때문이다. 한번 불안해지면 평안한 상태로 되돌리는 데 오랜 시간이 걸릴 뿐 아니라, 어른만큼 쉽게 컨트롤되지도 않는다.

싱글맘들의 연애를 옆에서 지켜보고, 나도 연애를 하며 느낀 것이 많다. 결론부터 말하자면 엄마의 연애사는 더욱더 아이를 먼저 생각해야 한다는 것이다. 정확하게 말하자면 아이를 깊이 생각하지 않고 시작하는 연애는 엄마와 아이 모두에게 상처를 준다. 엄마의 성향에 따라 연애를 시작한 뒤 빠르게 남자친구를 아이에게 소개하기도 하고, 아이 앞에서 애정 표현을 하는 사람도 있다. 하지만 싱글맘의 연애는 각자의 이유로 오래 지속되기가 힘들다. 그래서 대다수의 경우, 아이는 다시 아빠 또래의 이성 남자와 단절되는 경험을 겪는다. 이런 일이 반복될 때 아이가 긍정적인 이성관을 가질 수 있을까? 엄마를 원망하지 않을 수 있을까? 꼭 한번 생각해보아야 한다. 그 또한 아이가 견뎌야 하는 것이라고 이야기한다면 어쩔 수 없지만, 아이의 걱정과 상처는 평생 남는다는 걸 생각하면 좀 더 신중해야 한다.

엄마가 나보다 누군가를 더 좋아한다는 불안감이 생길 수도 있고, 나를 두고 어딘가 가버리는 것은 아닐지 근본적인 두려움도 아이에게 생길 수 있다. 특히 아이의 스케줄보다 연인과의 데이트를 우선시하게 된다면, 더더욱 이러한 모습이 나타날 가능성이 크다. 아이는 엄마가 자기를 제일 사랑하고 자기를 최우선으로 도와준다는 생각이 마음속에 자리 잡고 있어야 한다. 그렇지 않다면 소아 우울증의 형태로 나타나는데, 이는 싱글맘의 삶에 핵폭탄을 터트리는 일이다.

엄마의 일거수일투족을 감시하며 연애를 방해하거나 엄마가 없을 때 불안해하며 전화를 수십 통 할 수도 있다. 심지어 엄마의 연애 상대에 대한 적개심을 표할 수도 있다. 유치원이나 학교에서 불안의 형태로 드러나는 경우도 있다. 집중력이 현저하게 저하되거나, 주변 친구들에게 분노를 폭발하는 형태로 나타나기도 한다. 아이의 이런 모습은 엄마가 단기간에 노력한다고 달라지지 않는다. 성인 우울증과 달리 소아 우울증은 치료 방법도 거의 없다. 개선 방법이라고는 오랜 시간 공을 들여 아이와 즐거운 시간을 갖고 아이의 불안을 덜어주려고 노력하는 것뿐이다.

아무리 좋은 일, 좋은 사람이라도 아이에게 문제가 생기면 그 좋은 일과 좋은 사람과의 관계는 엉망이 된다. 좋았던 일에 집중할 수 없을 것이고, 집중할 수 없는 일은 결과가 나쁘다. 좋은 사람과의 관계 역시 틀어질 가능성이 매우 크다. 혹여나 그 사람이 아이에 대해 한마디라도 보탠다면, 평생에 남을 만큼 좋지 않은 기억이 되는 경우도 많다. 이런 경험을 한다면 차라리 안 하느니만 못한 경험이 되는 것이다. 양부모 가정에서도 당연하겠지만, 싱글맘의 일상과 경험을 선택하는 데 있어서는 아이를 절대적으로 고려하지 않을 수 없다. 세상에서 가장 소중한 건 바로 나지만, 내가 후회하지 않으려면 아이를 우선시하는 선택을 하는 것이다. 뫼비우스의 고리처럼 아이가 좋아야 내가 좋을 수 있는 구조로 순환한다. 나만 좋고 아이가 좋지 않은 구조는 결국은 나도 좋지 않고 아이도 좋지 않은 구조로 순환할 가능성이 크다.

엄마도 사람인지라, 내 생각 먼저 하다 아이의 마음이 상해있는 것을 뒤늦게 깨닫는 경우가 있다. 나도 그렇다. 아이의 마음을 읽기보다 내 마음을 먼저 살피는 게 익숙한 사람이고, 일을 위해서 아이가 양보해야 하는 경우도 많았다. '나는 이런 사람이고 이런 사람을 엄마로 둔 아이가 엄마를 이해하는 것은 어쩔 수 없는 일이다. 아이가 조금 더 크면 나를 이해할 것이다'고 생각했다. 하지만 그럴 때 아이는 불안해했다. 자다가도 여러 번 깨어서 나를 찾았다. 어린아이처럼 눈을 뜨지도 않고 "엄마 엄마" 소리치며 울기도 했다. 그럴 때는 같은 침대에 누워 아이를 꼭 껴안고 등을 툭툭 두드려주면 금세 다시 잠이 들었다. 하루걸러 하루 그런 일이 일어나자 저녁 시간에 나만을 위한 일을 할 수 없어졌다. 연애 또한 마찬가지였다. 아이와 함께 좋은 관계를 유지하고 있지만, 아이는 불안해할 때가 있었다. 아이는 때로 이렇게 말한다.

"엄마는 다시 결혼하지 말고 내가 다 자랄 때까지 옆에 있으면 좋겠어."

그럴 때 웃으며 대답한다.

"엄마는 절대 너 두고 어디 안 가."

나만 생각할 때 아이의 불안이 가중된다는 것을 깨달았다. 그 이후 아이 먼저 생각하는 것이 습관이 되었다. 아이 위주로 생각하고 아이의 스케줄을 우선시하면, 그 삶에 나는 없는 거냐고 실망할 수도 있다. 나는 평생 아이만 바라보고 살다 늙어야 하는 거냐는 생각이 들 수도 있다.

하지만 경험으로 느끼는 바는 결코 그렇지 않다는 것이다. 아이 위주로 생각하더라도 충분히 내 시간을 확보할 수 있다. 아이의 엄마로 살아가는 게 아니라 나로 살아갈 수 있다. 아이를 최우선으로 생각해야 하는 시기는 일 년 중 몇 번 되지 않았다. 아이가 커갈수록 그런 날은 더 줄어들었다. 조금만 기다리면 온전한 나로 살아갈 수 있는 시간이 온다. 하지만 "내가 제일 소중해"를 외치며 아이의 상황과 아랑곳없이 지낸다면, 아이의 불안감이 엄마와 아이의 삶 모두를 잡아먹을 것이다. 심지어 아이가 커서 사춘기가 오면 반항의 강도가 커지며 더 힘든 시기를 겪을 가능성이 있다. 그때 혼자 잘 버텨낼 자신이 있는가? 나는 그 시기를 혼자 버틸 수 없을 거라 판단했다. 지금 아이와 유대감을 잘 쌓고, 엄마가 필요한 시간에 나의 요구보다는 아이의 요구를 우선시해 안정감을 주고 싶다. 엄마와 아이의 관계지만 종속되어 내 요구사항만 따르는 것이 아니라, 서로서로 양보하고 보완하여 살고 싶다. 그래서 나도 아이도 행복한 삶을 살 것이다.

역시나 내 인생이 제일 중요하다. 하지만 양육자에게 인생의 질을 결정하는 키포인트는 아이다. 그래서 더욱더 아이를 우선해 생각한다. 먼 미래 같지만 아이는 금세 자라 독립하여 나갈 시기가 찾아올 것이다. 나의 결정들이 아이에게 지대한 영향을 미치지 않은 시기에는 온전히 나만의 삶을 찾을 수 있으리라 기대한다. 그때까지 아이가 꼭 나를 필요로 하는 시기에 최우선으로 생각하기로 했다. 그게 결국 나를 우선시하는 것임을 알기 때문에.

모성애는 키워지는 것

미혼 시절 아들만 둘 키우는 4살 위 기혼선배에게 물었다.

"선배, 정말 출산하고 나면 아이가 그렇게 예뻐요?"

"글쎄, 사람마다 다 다른 거 아닐까? 주변에서는 남편보다 아이가 더 좋다고 하던데, 나는 아니더라고. 그래도 내가 걔들을 세상에 태어나게 했으니까, 최대한 책임을 지려고 하는 거지. 나는 애보다 남편이 좋아."

굉장히 인상적인 말이었다. '엄마라고 다 아이가 죽도록 예쁜 것은 아니구나. 선배만 그런 걸까? 조금 이상한 거 같기도 하고, 엄마가 된다고 아이가 미칠 듯이 사랑스럽고 좋은 것은 아닐 수도 있구나' 하는 것을 알게 되었다. 선배가 해준 말은 이후 아이를 키울 때 큰 도움이 되었다.

결혼 후 바로 아이를 가졌던 지라 애타게 기다리던 아이는 아니었다. 하지만 임신 후 아이를 엄청 사랑하는 엄마가 되리라 생각했다.

아이의 발 냄새를 좋아하고, 아이가 좋아서 어쩔 줄 모르는 그런 아이바보인 엄마를 꿈꿨다. 우리 엄마는 내가 너무 좋아서, 밤새 잠을 자지 않고 우는 나를 업고 앉은 채로 주무셨다고 했다. 딸은 엄마를 닮으니까 나도 그럴 거라 생각했다. 그런데 막상 아이를 출산하고 나니 그렇게 사랑스럽지 않았다.

꿈꿔오던 이상적인 엄마가 나는 아니었던 것이다. 꼭 필요했던 개인 시간이 사라졌고, 산후우울증에 시달렸다. '내 마음속 어딘가 고장이 나서 아이가 예쁘지 않은 걸까? 나는 아이를 키우면 안 되는 건 아닐까?' 하는 죄책감과 싸웠다. 모성애가 없는 것 같아 우울하기조차 했다. 직장선배의 말이 아니었으면 스스로를 정말 이상한 엄마로 여기며 자책했을 것이다.

그래서 이혼할 때 양육권을 가지는 것이 맞을지 고민이 많았다. 전 남편은 아이를 굉장히 좋아하는 편이어서, 그가 키우는 것이 아이가 더 행복하지 않을까 하는 생각을 했다. 엄마가 아이를 키우기로 결정했다가 아이가 커가며 점점 아빠의 모습을 닮아가니 그것조차 싫어서 아이를 아빠에게 보낸다는 이야기도 들은 적이 있었다. 아이가 아빠의 모습을 닮는 것은 어찌 보면 당연할 텐데, 그것이 괜찮을 것인가? 하는 고민도 있었다. 그의 잘못으로 이혼하는데 아이를 내가 양육한다면 나에게만 족쇄가 달리는 것은 아닌지, 그에게 양육권을 주어야 고생 좀 하지 않을까 하는 마음도 있었다. 그만큼 이혼 당시 아이에 대한 애착이 크지 않았다. 지금 생각하면 몹시 부끄럽다.

평소 아이는 아빠를 좋아했지만, 아빠와 첫 면접을 할 때 거세게 울었다. 마치 모르는 사람이 자기를 어딘가 무서운 곳으로 데려가는 것마냥 자지러질 듯 울었다. 그러다 아이의 눈에 보이는 곳 근처에 내가 있으면 울음을 그쳤다. 그때서야 양육권을 가진 것이 잘한 선택이라는 것을 깨달았다. 아이를 출산했을 때 엄마가 된 것이 아니라, 아이가 나를 찾으며 울던 그때 정말 엄마가 되었던 것이다.

'아빠 없이 혼자서 아이와 잘살 수 있을까? 혼자 아빠 몫까지 하며 아이를 양육해 낼 수 있나? 아이가 그렇게 예쁘지 않은데 잘할 수 있을까?'

고민했다. 아이가 예쁘지 않아서 아이의 인생을 망치는 것은 아닐지, 차라리 그에게 아이를 맡겨두고 오는 게 나은 것은 아닐지 많이 혼란스러웠다.

하지만 나처럼 자신이 우선이고 출산으로 산후우울증을 심하게 겪은 사람에게도 아이에 대한 사랑은 시간이 지날수록 커져갔다. 보통 엄마는 아이가 태어난 직후부터 모성애를 가지고, 아빠들은 아이의 커가는 모습을 보며 부성애를 키워간다고 한다. 이혼 후 아이와 둘이 7년을 살며 많은 일을 겪었다. 눈물 흘릴 때도, 기쁨에 춤을 출 때도 있었다. 그럼에도 아이가 아빠를 찾으며 며칠 밤낮을 울고 힘들게 할 때는 아빠가 키우는 것이 맞는 게 아닐까 하는 생각이 들기도 했다. 하지만 아이와 함께 힘든 일을 헤쳐나가고 즐거운 일을 함께 겪으며 이제는 자신 있게 아이를 사랑한다고 이야기할 수 있다. 모성애가 부족한 거 같아 자신감이 없었지만, 모성애는 키워지는 것이었다.

친구의 딸은 어릴 때부터 아빠를 좋아했다. 친구 역시 본인이 모성애가 부족한 것 같아 양육하는 데 무척 고민이 많았다. 하지만 아빠가 딸을 키우는 것은 어려울 것 같아 본인이 양육권을 가졌다. 딸은 아빠의 집에 가면 원하는 TV를 실컷 보고 유튜브도 실컷 할 수 있었다. 아이는 엄마에게 아빠랑 같이 살고 싶다고 이야기를 자주 했고, 그럴 때마다 엄마는 아이를 아빠에게 보내고 싶어 했다. 아이도 화내는 엄마 아래 자라는 것보다 허용적으로 자라는 게 본인을 위해 행복할 것이라 생각했고, 친구도 자신의 인생을 찾아 새 출발 하기 좋다고 생각했다. 양육하고 있긴 하지만 아이가 버겁게 느껴지기도 했고, 전남편의 상황만 괜찮아진다면 아이를 보내고 싶어 했다. 그랬던 친구는 이제는 딸 없이 못 살겠다고 한다. 내가 못 먹더라도 내가 못쓰더라도 아이에게 최선의 것을 주고 싶어 한다. 무엇 하나라도 못 줘서 아쉬워하고 본인보다 아이가 나은 삶을 살기 위해 무엇이든 해주고 싶어 한다. 아이와 함께 좌충우돌 여러 가지 사건들을 겪어가며 친구도 모성애가 커간 것이다.

사실 우리 아이는 손이 많이 가는 편이다. 물론 사랑스럽고 다정한 성향이지만, 덜렁거리고 황당한 행동을 자주 한다. 어떨 때는 머리 꼭대기까지 화가 나서 입으로 불을 토해내고 싶을 때도 많다. 그럴 때마다 내가 양육권을 가지고 키우기를 잘했다고 생각한다. 아이의 이런 황당한 행동들을 그는 받아주지 못했을 것이다. 최악의 상황에는 어른보다 약한 아이라 함부로 대했을 수도 있다. 일이 많고 바쁜 사람이라 아이에게 신경 쓰기 힘들었을 것이다. 많은 고민을 했지만, 이제는 내가 양육하고 있다는 사실이 다행이라는 생각이 든다. 비록 우리의 성향은 무척 다르지만, 서로 상호 보완하여 더 괜찮은 아이로 자랄 수 있으리라 확신이 있다.

아이는 엄마에게 무한한 신뢰와 사랑을 준다. 부모로부터 받던 사랑과 아이가 보내는 사랑과 신뢰는 다르게 와 닿는 걸 아는가? 미숙한 엄마이고 자신이 제일 중요한 사람이지만, 아이는 그걸 전적으로 수용하고 온전한 사랑과 신뢰를 준다. 시간이 지날수록 더욱더 크게 느껴진다. 아이가 자다가 무서운 꿈을 꾸고 나를 찾을 때, 가만가만 아이의 등을 쓸어주면 금방 잠이 들 때, 아이가 얼마나 나를 신뢰하고 있는지를 알 수 있다. 주말 아침잠이 많아 늦게까지 잠들어 있는 나와 달리 일찍 하루를 시작하는 아이는 나를 깨울까 봐 까치발을 들고 조심조심 내 방으로 와서 옆에 눕는다. 눈을 끔벅거리며 자는 모습을 보기도 하고, 옆에 누워있다 다시 잠들기도 한다. 그때 아이가 얼마나 나를 사랑하고 있는지 느낄 수 있다. 아이가 주는 무한한 신뢰와 애정을 느낄 때, 더 좋은 엄마가 되어야겠다고 다짐하게 된다.

아이로부터 무한한 신뢰를 받아본 엄마는 결코 잘못된 길로 갈 수가 없다. 누구보다 세상에서 강력하게 믿어주는 아이가 있기 때문이다. 통계를 보면 아이를 키우는 부부가 아이를 키우지 않는 딩크부부보다 성공할 확률이 높다고 한다. 그만큼 아이가 부모에게 주는 신뢰가 성공으로 이끄는 원동력이 된다는 것이다. 내가 아이를 키우고 있는 것이 아니라, 아이 역시 나를 키우고 있다. 나만 아이에게 사랑을 주는 존재가 아니라, 서로에게 사랑을 주고 서로를 더 키워가는 존재가 된다. 그러니 혹시나 아이를 양육하는 게 맞는 것일지 걱정하고 있는 예비이혼자가 이 책을 보고 있다면, 키워도 괜찮다고 말해주고 싶다. 부족한 모성애는 함께 부딪히고 살아가며 채워지고, 성공할 수밖에 없는 원동력 역시 아이가 준다.

　모성애가 없어서, 아이를 좋아하지 않아서 걱정하던 예전의 내가 아니다. 지금은 아이를 잘 키우고 있다. 아이에게 잘한다는 이야기를 자주 듣는다. 한 번씩 내 예민함과 아이의 무던함이 만나서 또 다른 어려움이 있긴 하지만, 우리는 잘 해결하고 있다. 우리의 시간이 쌓여갈수록 서로에게 잘 맞는 모자 사이가 되지 않을까? 아이의 기질은 변화시킬 수 없지만, 아이와의 관계는 엄마가 당기면 당기는 대로, 밀면 미는 대로 움직인다는 것을 알았다. 서로 독립적인 개체로 존중하며 서로의 모난 부분이 깎여서 둥글둥글해지는 사이로 발전시키고 싶다. 아이는 나를 전적으로 신뢰하며 준비되어있고, 부족한 나 역시 준비되어있다.

매운맛 엄마와 순한맛 할머니

우리 엄마는 쾌활한 사람이지만, 화도 불같이 내는 분이다. 모범생이라 혼날 일이 잘 없었던 나를 혼내던 날에는 방문을 잠그고 엄하게 혼내셨다. 반면 아빠는 방어막 같은 존재였다. 엄마가 혼내려 하면 아빠는 나를 등에 업고 집 밖으로 탈출시켜주셨다. 결국 혼날 것을 피하지는 못했지만 말이다. 반면 남동생에게 엄마는 포근하고 따뜻한 존재였다. 동생의 실수도 너그러이 이해해주셨다. 엄마는 아직도 남동생을 어리게 생각한다. 반면 아빠는 동생에게 엄격했다. 사춘기를 지나는 동생이 경우에 없는 행동을 하면 체벌도 하셨다. 엄마와 아빠는 상황에 따라 당근과 채찍을 주었다. 나를 강력하게 통제하던 엄마에게 반항했지만 삐뚤어지지 않은 것은 아빠의 수용 덕분이었고, 동생이 아빠의 체벌에도 순순했던 건 엄마의 포용 때문이었을 것이다.

싱글맘의 삶은 이혼 전과 크게 다르지 않았다. 이혼 전에도 돈을 벌었고 가사를 했고 육아를 했다. 크게 달라진 것은 문제가 생겼을 때 의논할 사람이 없다는 것, 그리고 아이의 육아에 있어서 역할을 분담할 수 없는 점이었다. 우리 부모님이 그랬던 것처럼 아이에게도 당근과 채찍을 번갈아 줄 사람이 필요했다. 나 혼자 당근과 채찍을 줄 수는 없는 노릇이었다. 아이들은 어른들의 상황을 기가 막히게 잘 눈치채서 부모가 수용적일 경우 버릇없게 크는 경우가 많고, 부모가 강압적일 경우 위축되고 자존감이 떨어지는 경우가 많다.

누군가는 아이를 훈계하는 역할을 하고, 누군가는 아이가 아무리 잘못해도 수용해주어야 했다. 우리 부모님이 그랬던 것처럼 말이다. 엄마는 할머니가 되니 아이가 어떤 행동을 하든 예쁘다고 하셨다. 아이가 하는 행동 어느 하나 예쁘지 않은 게 없고, 아이의 눈에서 눈물이 나는 것은 못 보겠다고 하셨다. 그래서 악역은 내가 맡기로 했다. 아이의 잘못된 행동을 통제하고, 하기 싫은 것을 시키는 일은 내가 했다. 혼이 날 행동을 하거나 거짓말을 할 경우, 눈물이 쏙 빠지게 아이를 혼냈다. 특히 학교에서 본인의 잘못은 빼고 다른 사람을 탓하는 행동을 보일 때는 엄격하게 아이를 혼냈다. 잘잘못을 떠나 사실을 엄마가 알고 있어야 아이를 보호해 줄 수 있다고 생각하기 때문이다. 눈물을 쏙 뺀 아이가 잘못을 인정하고 사과할 때 안아주고 토닥인 후 할머니 집으로 보냈다. 아이가 할머니 집으로 이동하는 시간 동안 아이의 이야기를 엄마에게 전달했다. 이야기를 들은 엄마, 아빠, 동생은 풀이 죽어 온 아이를 꼭 안아주었다. 아이를 안고 좋아하는 과자를 먹으며 아이에게 그렇게 하면 안 된다는 이야기를 해주셨다. 아이에게 할머니 집은 안식처와 같을 것이다.

엄마는 내가 아이의 행동에 비해 지나치게 화를 낸다고 생각되면, 브레이크를 걸어주셨다. 혼자 아이를 키우고 아이가 상황에 맞지 않은 행동을 해서 힘든 것을 알겠지만, 지나치게 엄격하게 대하면 안 된다고 조언해 주셨다. 내가 잘못했다고 이야기하는 엄마의 말에 발끈한 적도 많다. 하지만 엄마의 말이 맞다. 나도 자라오면서 엄마의 엄격한 행동에 상처를 받은 적도 많았으니까.

아이의 행동에 화가 날 때 아이를 엄마 집에 보내고, 혼자만의 시간을 가진다. 물리적으로 떨어져 운동을 하든, 좋아하는 것을 하든 시간을 보내고 나면 이성적으로 돌아올 수 있었다. 그러면 다시 아이를 어떻게 대해야 할지 정리되었다. 아이의 잘못된 행동을 훈육하기 위해 엄하게 대할 때도 많다. 훈육 후 아이를 안고 아이에게 사과하기도 한다.

"엄마가 너무 너에게 무섭게 대한 것 같아. 미안해."

아이는 무서운 사람을 매운맛이라고 표현하고, 다정한 사람에게 순한맛이라고 표현한다. 나를 무척 사랑하는 아이는 나를 순한맛이라고 이야기하지만, 우리의 관계에서 나는 매운맛이고 할머니는 순한맛이다. 이렇듯 아이를 육아하는 공동체(?)에 있어서 역할 분담은 중요하다. 아마 싱글맘들은 대부분 매운맛을 담당할 수밖에 없을 것이다. 엄마와 자식의 관계에서 강하게 훈육을 하더라도 아이는 엄마의 말을 수용하고 모자 사이가 다시 회복되기가 쉽지만, 그 외의 관계에서는 회복되기가 어렵기 때문이다. 아무래도 엄마가 아이를 혼내는 것과 할머니가 아이를 혼내는 것은 다르다. 엄마가 혼내면 나를 사랑해서 혼내는 거라는 생각이 들지만, 할머니가 혼내는 것은 나를 미워해서 혼낸다는 인지적 오류를 일으킬 가능성이 높다.

누가 되었든 아이를 대하는 사람들 사이에 역할 분담은 꼭 필요하다. 누군가는 아이에게 훈육을, 누군가는 아이에게 피난처가 되어주어야 한다. 비록 잘못했더라도 자신을 온전히 수용해주는 쉼터가 아이에게는 꼭 필요하다. 아이의 편에서 온전하게 아이만 생각해 줄 수 있는 사람이면 된다. 대신 훈육을 담당하는 엄마에 대해 나쁜 이야기를 하지 않는 사람이어야 한다. 막다른 골목에 몰리면 쥐도 사람을 무는 것처럼, 아이에게 강력한 훈육만 한다면 올바르게 성장하기가 어렵다. 타인이면 손절하면 되지만, 아이는 평생 엄마가 안고 가야 하는 존재이고, 아이를 이 세상에 태어나게 했으니 올바르게 자랄 수 있도록 도와야 한다.

어느 날 엄마가 아이에게 물었다.

"도운아, 도운이가 잘못할 때 할머니가 그냥 가만히 있을까?"

"할머니, 엄마가 나를 혼내면 나는 너무 무서워. 그래서 말을 잘 못 하겠어."

"너를 너무 무섭게 혼내는 엄마를 할머니가 혼내줄까? 엄마는 할머니 딸이니까 네가 그러라 하면 혼내줄게."

"할머니, 엄마 혼내지 마. 대신 가끔씩 엄마한테 도운이 조금만 혼내라고 말해줘."

아이는 스스로의 잘못을 다 알고 있었다. 그리고 할머니가 아이의 숨구멍이 되어준 것도 확실했다.

10살이 된 아이는 여전히 잔소리할 일이 많고, 한 번씩 아니 여러 번 나를 폭발하게 만든다. 주중 숙제를 하지 않거나, 다른 것들로 지지고 볶고 주말에는 할머니 집에 간다. 아이는 할머니 집에 가는 금요일을 참 많이 기다린다. 물론 나도 그날을 많이 기다린다. 강박적인 성향의 나는 아이의 행동을 이해하지 못하는 경우가 많지만, 할머니는 아이의 수더분함과 덜렁거림을 충분히 이해한다. 아이가 큰소리로 웃으며 떠들고 춤출 때 나는 조용히 하라고 이야기하지만, 할머니는 같이 춤을 춰준다. 우리 집의 이런 역할 분담이 고맙고 감사하다. 양부모 가정이었다면 아빠가 해주어야 할 역할을 친정 부모님이 도맡아주고 계신다. 비록 아이는 아빠를 만나지 못하고, 아빠와 함께 살지 못하지만, 자신을 충분히 이해하고 포용해주는 외갓집 식구들이 있기에 사랑이 많이 부족한 것 같지는 않다.

아이의 행동을 전적으로 수용해주는 친정 부모님이 계시고, 아이에게 아빠 또래의 성인 남자의 모습을 모델링할 수 있는 남동생이 있다. 남동생은 아이와 함께 소리를 지르며 휴대폰 게임을 하기도 하고, 아이를 데리고 아이가 좋아하는 포켓몬 게임을 하러 밤늦은 시간에도 외출하기도 한다. 수용만 하는 할머니 집에 있을 때, 경우 없는 행동을 하지 않게 중심을 잡아주기도 한다. 할머니를 잘 챙기는 모습을 보여주어 아들은 엄마를 챙겨야 하는 것을 알려준다. 부모님께서 서로를 챙기는 모습을 보고 아이는 부부관계는 저렇구나 하는 모습을 배우게 된다. 나 혼자 동떨어져서 아이를 키웠다면 아마 아이는 그런 모습을 배우지 못했을 것이다. 혼자 훈육하고 혼자 수용하고, 엄마도 아빠도 아닌 어정쩡한 모습으로 아이를 대했을 것 같다. 그렇다고 해서 아이가 잘못되는 것은 아니다. 단지 엄마가 너무 힘들고 아이가 혼란스러울 수 있지만, 결국 아이는 바르게 커갈 것이다.

다시 한 번 강조하지만, 아이를 통제만 하거나 수용만 해서는 안 된다. 누군가는 아이를 통제해야 하고, 누군가는 수용해주어야 한다. 가장 좋은 것은 엄마가 통제와 수용, 두 가지 역할을 해내는 것이지만, 사람인 이상 완벽하게 해낼 수 없다. 역할을 분담할 수 있다면, 도움을 요청하여 아이를 함께 양육하면 좋겠다. 아이의 숨구멍이 되고 싱글맘인 본인의 숨구멍이 되는 사람이 있었으면 한다. 아이의 육아에 있어서 역할을 분담할 수 있고, 이야기를 나눌 수 있는 사람이 있다면 큰 도움이 되기 때문이다.

할세권 입성으로 얻고 잃은 것들

균형, 조화, 안정이라는 세 단어가 참 좋다. 내가 추구하는 삶의 가치가 모두 담겨 있다. 특히 시간이 갈수록 신경 쓰는 부분은 균형이다. 가족 사이에서 균형, 일과 가정에서 균형, 내 삶의 시간 배분 역시 치우침 없이 균형을 잡아야 후회가 없었다. 만약 아이가 없었다면 원하는 것만 몰입하며 살 수 있겠지만, 싱글맘이 되니 다른 것보다 균형이 중요했다. 나만 생각하면 아이가 상처 입었고, 가정만 생각하면 일에 소홀해졌다. 싱글맘의 삶은 일도 직장도 어떤 것 하나 포기하지 않고 다 안고 가야 한다. 그러니 균형이 중요한 것은 당연하다.

비록 완벽하지 않더라도 적당히 양보하며 균형을 이루고 살 수 있다. 모두를 얻는 것이 균형은 아니다. 무엇 하나를 얻으면, 다른 하나를 잃는 것이 균형이다. 더 중요한 것을 선택하고, 하나를 얻고 하나를 잃으며 살아가고 있는 것 말이다. 그런 점에서 삶은 양쪽의 균형을 아슬아슬하게 맞추며 줄타기를 하는 곡예와 같다.

할세권의 입성 또한 균형이 필요했다. 얻은 것도, 잃은 것도 있었다. 앞에서도 언급했지만, 마음의 큰 안정을 얻었다. 직장생활을 하면서도 만약에 닥칠 아이의 문제에 유연하게 대처할 수 있었다. 주말에는 나만의 시간을 가질 수 있었다. 혼자 가벼운 몸으로 직장 회식에도 참석할 수 있었다. 아이가 할머니 집에 저녁을 먹으러 가는 날에는 운동도 할 수 있다. 아이 역시 심리적인 안정을 얻었다. 매운맛 엄마에게 혼나는 날에는 할머니 집으로 곧장 가서 위로를 받았다. 아빠 대신 성인 남자의 정을 삼촌에게서 얻을 수도 있었다. 내가 바빠 퇴근이 늦어질 때나 운동을 하고 싶은 날, 아이는 할머니 집에서 꿀 같은 휴식을 한다. 그래서인지 이따금씩 아이는 묻곤 한다.

"엄마 오늘 운동 안 가?"

평생을 주말부부로 사시던 부모님은 가족과 함께 하는 저녁 시간을 얻었다. 같은 아파트에 살게 되면서 동생은 집에서 출퇴근을 했고, 아빠도 인근으로 이직을 하셨다. 혼자 고향 집에서 지내실 때 불면증에 시달리던 엄마는 이제는 푹 주무신다. 타지에서 주말부부를 하느라 외로움을 타시던 아빠는 가족이 함께 사니 좋다고 이야기하신다. 남동생은 혼자 원룸기숙사에 살다가 마음이 복잡해지거나 투덜거리고 싶을 때마다 집으로 와서 수다를 떨기도 한다. 각각 다른 장소에서 혼자 살아가던 엄마, 아빠, 동생은 도운이라는 존재로 한 장소에 묶였고, 같은 생각을 한다. 아마 외로움이 없어진 것이 가장 크게 얻은 것이 아닐까?

반면 잃은 것도 존재했다. 나는 내 시간의 많은 부분을 가족에게 할애해야 했다. 매달 엄마의 병원 진료를 동행해 함께 보아야 한다. 아이의 하교 시간까지 집에 돌아오려니 직장에서 반차를 사용한다. 부모님의 계좌관리, 세금대납, 물건 구입, 보험 청구 등 새로운 일도 생겼다. 그 외에도 부모님의 쇼핑을 돕거나 맛집을 모시고 가야 하는 책임감도 늘었다. 엄마는 이모들과 긴밀하게 지내고 계셔서 이모들의 온라인결제 심부름까지 도맡아 하는 지경에 이르렀다. 심지어 이모들 물건을 사는 가계부를 따로 운영해야 할 정도로 물건 구입의 빈도가 높다. 엄마와 아빠가 투닥거리시는 날에는 중재의 역할을 하기도 한다. 엄마와 아빠는 오랜 주말부부 생활을 마치고 다시 함께 살면서 본인의 역할과 삶을 조절하는 것을 어색해하셨다. 궁금한 게 불현듯 생길 때 엄마는 새벽같이 우리 집 도어락을 누르고 들어와 물어보시기도 한다.

반면 부모님은 손자가 옆에 살고 있어 개인 시간을 빼앗겼다. 특히 엄마는 주말이면 엄마 옆에서 자고 싶어 하는 손자 덕에 금요일 밤잠이 편하지 않으시다고 한다. 옆에서 아이가 할머니의 손을 꼭 잡고 자고 싶어 하니 자다가도 계속 깨신다. 내년이면 법적 노인인 아빠는 딸 집의 수리까지 도맡아야 했다. 화장실을 뚫어주거나, 벽에 못을 박는 등의 일을 하신다. 동생에겐 조카의 심부름이 얹어졌다.

"삼촌 올 때 치킨 사와. 삼촌 나 오늘은 포켓몬가오레 하러 삼촌이랑 같이 가고 싶어."

여러 가지 요구를 수용하고 있다. 심지어 아이가 집에 오는 날에는 비가 오든 눈이 오든 춥든 덥든, 잘 때를 제외하고 삼촌의 살에 자기 살을 맞대고 치대며 논다.

할세권이 되며 잃은 것들이 버거울 때도 있다. 혼자 힘내서 살기도 쉽지 않은데, 엄마의 병원을 픽드랍 하는 일이나 엄마와 아빠의 감정 다툼을 보고 있으면 머리가 아파오기도 한다. 엄마와 이모의 물건을 주문하다가 정작 내 일을 놓칠 때도 많다. 하지만 그것보다 더 큰 것들을 얻었다. 심리적 안정감이다. 나뿐만 아니라 부모님도 똑같을 것이다. 노후의 편안한 삶을 반납하고, 딸 옆에서 손자를 돌봐주면서 외로움을 극복하셨다. 우리 가족은 약간씩 양보하며 균형을 잡고 살아가고 있다. 부모님의 일에 너무 매몰되지 않게 적당히 동생과 역할을 양분한다. 동생이 알지 못하는 사회생활 선배로서 조언을 해주기도 한다. 동생 또한 부모님에 대한 책임감을 나와 나누고 개인 시간을 도운이에게 일정 부분 양보한다. 부모님은 노후의 편안한 삶을 도운이에게 반납한 대신, 자식들을 곁에 두고 요즘 시대에 맞춰 살아가신다. 약간씩 불편하지만 다 같이 균형을 잡고 더 나은 삶인 것을 인정하며 살아가고 있다. 아마 할세권에 살고 있는 싱글맘들은 다 비슷하지 않을까?

결혼생활 때 얻지 못한 균형과 조화를 싱글맘이 되어서야 얻었다. 누구보다 나를 이해해주는 가족들이 옆에 있다. 그로 인해 양보하고 잃은 시간이 있지만, 그것은 잃은 것이 아니라 내가 가족을 위해

해줄 수 있던 것들이다. 물질적으로 여유가 있고 많이 가지고 있기에 주는 것이 아니라, 마음이 안정되고 넉넉하여 줄 수 있다. 가족에게 힘이 된다는 것, 도와줄 수 있다는 것은 또 다른 원동력이 된다.

가끔 삶이 무겁고 내가 불쌍하게 느껴질 때가 있다. 그럴 때 어김없이 남들과 나를 비교하고는 한다. '쟤는 나보다 잘난 게 없는데 잘 사네.' '얘는 부모님이 능력 있어서 걱정 없이 그냥 애 데리고 사네.' '대체 내가 무슨 잘못을 했기에…' 하며 땅을 파고 들어갈 때도 있다. 부모님께 온전하게 도움만 받고 싶은 마음이 생길 때도 있다. 이렇게 바보같이 땅을 파고 있을 때 부모님은 기민하게 캐치하고 물어보신다.

"소영아, 무슨 일 있어? 힘이 없어 보여."

부모님의 걱정 어린 한마디로 나는 평소와 같은 모습으로 돌아온다.

"남편 있는 엄마는 모르는 나만의 고충이 있지" 하며 웃는다.

이혼을 하면서 참 많이 얻었다. 나를 찾았고, 나만의 집을 얻었고, 아이를 얻었다. 싱글맘이 되고 가족이 가까이에 살면서 많은 것을 얻었다. 나와 아이의 심리적인 안정을 얻었고, 시간을 얻었고, 위로를 얻었다. 부모님을 돌볼 수 있는 마음의 여유 또한 얻었다. 모든 것은 생각하기 나름이었다. 나에게 없는 것에 집중하는 것이 아니라, 가진 것에 감사하는 것이 중요했다. 물이 반밖에 안 남았네가 아니라 물이 반이나 남았네 하고 생각의 전환을 할 수 있는 힘이 생겼다.

엄마와 아빠는 지난주 이모들과 함께 여행을 가셨다. 부모님의 여행을 돕기 위해 함께 장을 보러 갔고, 여행지까지 따라가 체크인도 도와드렸다. 덕분에 엄마와 아빠는 즐거운 시간을 보내고 오셨다. 나는 이번 주 친구와 함께 여행을 떠난다. 아이가 없이 떠나는 여행은 온전히 나에게 집중할 수 있어 좋다. 도운이는 삼촌과 함께 고대하던 영화 「엘리멘탈」을 보러 간다고 한다. 영화를 보는 비용과 팝콘은 엄마가 내셨다. 가족끼리 서로 돕고 도울 수가 있어 감사하다. 일과 가족, 나와 아이, 우리 집과 엄마 집 안정적이고 균형과 조화를 이루고 있다. 균형, 조화, 안정이 황금비율로 섞여 있으니 즐겁지 않을 수 없다. 지금의 삶이 무척이나 만족스럽다. 까칠하고 예민한 나도 이렇게 조화롭게 살아가는데, 누구든 그렇게 살 수 있다. 가장 중요한 것은 긍정적으로 세상을 바라보고 그렇게 살겠다는 마음이다.

두둑한 곳간에서 인심이 난다

혼자 아이를 키울 때 가장 중요한 것은 경제력이다. 나도 이혼을 선택할 때, 혼자 벌어서 아이와 질적으로 괜찮은 삶을 유지할 수 있느냐가 큰 걱정이었다. 박봉에 대출이자를 내면서 살 수 있나? 매일 걱정했다. 집을 사기 위해서 대출을 내고, 그 집을 손해 보고 팔 때는 무척 예민해졌다. 이렇게 살다가 질적인 삶은 둘째고 망하겠다는 마음이 들었다. 보란 듯이 더 잘살아야 하는데, 잘살기는커녕 참고 사느니만 못한 삶이 될까 봐 화가 나기도 했다. 모아둔 돈을 불려도 모자란데, 모아둔 돈을 허무하게 날려버렸다는 생각이 들었다.

양육비의 지급도 정확하지 않고 들쑥날쑥하니, 양육비를 끝까지 받기는 힘들 수도 있겠다는 생각도 들었다. 아이가 커갈수록 더 많은 돈이 필요할 것이고, 급여에는 한계가 있었다. 아이가 성인이 되고 나면 양육비를 받을 수도 없을 것이고, 대학생이 되면 큰돈이 들어갈 거라는 두려움도 있었다. 아이가 하고 싶은 것은 지원해주고 결혼하게 될 시점에는 번듯한 집도 하나 사주고 싶은데, 생각할수록 마음이 가난해졌다. 곳간이 비고 마음이 가난하니 저절로 인색해졌다.

'R=VD(Realization=Vivid Dream)' '생생하게 꿈꾸면 이루어진다'는 공식은 이지성의 『꿈꾸는 다락방』에 나오는 내용이다. 얼마나 간절했던지 여유 있는 삶을 생생하게 꿈꾸기로 했다. 비전보드를 만들어 책상 앞에 붙여두기도 하고, 열심히 공부했다. 소원보드를 작성해서 출근 준비를 하며 읽었더니, 적어둔 소원보드의 내용을 95% 이루었다는 친구의 말을 듣고 올해는 소원보드를 아침마다 읽고 쓰고 있다. 거기에 가계부 쓰기와 짠테크를 통해서 지출이 통제되고 재테크 공부로 시간이 지나니, 신기하게도 곳간이 차기 시작했다.

아이의 초등학교 입학에 맞춰 구입한 집은 구입한 금액보다 시세가 올랐고, 다른 곳도 꽤 올랐다. 부동산이 하락기에 접어들었지만, 싼 가격에 산 것은 산 가격 이상으로 떨어지지 않았다. 소위 말해 물렸다는 생각이 드는 곳도 있지만, 다른 것들로 해결할 수 있었다. 두둑한 곳간에 인심 난다더니 곳간이 엄청나지는 않더라도 비어있던 것이 채워지니 마음도 인심이 났다. 똑같은 직장생활을 하고 급여에도 변동이 없었고, 크게 달라진 게 없지만, 이제는 양육비를 지급받지 않아도 아이와 둘이서 살아갈 수 있겠다는 생각이 든다. 부모님이 평소에 가지고 싶다고 하신 걸 눈여겨봤다가 선물을 할 수도 있었고, 아이가 하고 싶거나 배우고 싶다고 이야기하는 것은 해줄 수 있게 되었다. 기왕이면 머슴 일도 대감집에서 하라는 말이 있지 않은가? 대감집 곳간은 두둑해서 머슴에게 인심을 부린다는 말로 들린다. 돈이 주는 무게가 참으로 크다.

잘못 산 내 집으로 재테크 공부를 시작한 나와는 달리, 부모님이 사주신 집 시세가 상승해 여유 있게 사는 친구가 있다. 이 친구는 실거주 집의 시세 상승을 보고 같은 아파트 단지 내 작은 평수 아파트를 대출을 끼고 추가 구입했다. 저금리 시대에 고정금리로 30년을 대출 내어 월세를 받고 지내고 있다. 부모님이 노후 준비가 되어있을 뿐 아니라 금전적인 여유가 있고, 친구도 금전적인 여유가 있어 오히려 부부로 살 때보다 훨씬 편안하게 산다. 친구는 주변을 참 잘 돌아보고, 경조사를 챙기는 데 인색하지 않으며, 아이에게도 투자를 아끼지 않는다.

더 일찍 재테크에 대해 공부하고 세상을 살아가는 것에 관심을 가졌더라면, 더 큰 곳간을 채워가며 살았을 텐데 하는 마음이 들 때도 있지만, 이혼이라는 계기로 재테크나 세상 돌아가는 일에 대해 알 수 있었다. 이혼을 계기로 우리 가족 모두 재테크에 관심을 가지기 시작했고 삶이 바뀌었다.

"내가 60이 넘어서 이제야 이런 걸 알았네. 돈만 벌고 다니느라 참 바쁘게 살았는데, 인생 헛산 거 같다."

재테크를 통해 자산의 증식을 경험한 부모님은 이렇게 말씀하셨다.

이렇게 이야기하면 몇십억씩 벌었나보다 하고 생각하는 분도 있겠지만, 그렇지는 않다. 그저 손해 봤던 것 이상을 만회했고, 지금도 조금씩 늘어나고 있는 것이다. 물론 대출도 갚고 있다. 마음속에 초조함이 많이 사라졌고, 주변 사람에게 베풀 수도 있다. 다른 것보다 마음가짐 자체가 달라졌다. 미래를 걱정하느라 동동거리지 않아도 된다는 것. 미래의 생활을 걱정하지 않아도 된다는 것 말이다. 완벽하지는 않지만 지금도 경제적으로 준비하고 있고, 지금 준비해서 가는 길이 올바른 길이라는 믿음이 생긴 것이다.

직장생활에도 끝이 있고, 노동력에도 한계가 있을 텐데, 지금에만 충실해서 살아간다면 언젠가 그 불안함이 되돌아온다. 대한민국의 노인빈곤율이 OECD국가 중 1위이고, 국민연금을 수령하는 사람들의 수령액 평균이 40만 원대인 것을 아는가? 퇴직 후를 생각하면 마음이 졸여온다. 나를 책임져줄 누군가는 없고, 나이 들어서 아이에게 짐이 되고 싶지 않다. 금전적인 압박을 받으면 더 초라해진다. 못 해먹겠다 하고 결혼생활에서 뛰쳐나온 것도 잘못한 것이 되고, 아이가 하고 싶은 것을 시켜주지 못할 때는 죄책감마저 든다. 돈이 부족하고 힘이 들면 사기를 당하기도 쉽고, 이상한 루트의 유혹에도 혹하기 쉽다. 그래서 싱글맘들은 꼭 재테크 공부를 해야 한다고 생각한다. 최소한 사기를 당하지 않기 위해서라도 해야 한다. 알뜰살뜰 모으는 재미도 느끼고, 그 모은 것을 투자해 뻥튀기처럼 튀겨보는 경험을 하면 좋겠다. 그래서 통장이 두둑할 때 오는 든든함과 그 뒤에 따라오는 여유 있는 삶을 누리면 좋겠다.

재테크 공부를 하고 투자하는 건 극히 일부의 이야기가 아닌가요?

하고 생각할 수 있다. 하지만 나도 평범한 사람일 뿐이다. 아이와 둘이서 사는 것만 해도 벅찬 싱글맘인데, 투자라니 하는 마음이 들 수도 있다. 첫 집을 사며 연봉만큼의 손해를 봤고, 주말마다 공부하면서도 현타가 많이 왔다. 첫 투자를 하며 얼마나 떨었던지. 무슨 부귀영화를 보려고 이렇게 걱정하고 밤잠을 설치며 해야 하나 하는 걱정으로 잠을 이루지 못한 날도 많다. 심지어 부모님은 그냥 월급이나 아껴 쓰고 잘 모으라고 하셨다. 아이의 미래에 대해 걱정하면 커서 도운이 아빠가 그래도 도와주겠지 하며 확신 없는 이야기를 하기도 하셨다. 그런 시간들을 보냈지만, 나도 할 수 있었다.

손을 덜덜 떨며 법원 경매도 해보고, 공매도 해보고, 급매매도 해보았다. 예상했던 것과 달리 걱정하는 날도 있었다. 골치 아프지 않냐고 이야기할 수도 있지만, 세상에 공짜는 없으니 약간 골치 아프고 여유 있는 게 좋았다. 땅을 파도 500원짜리 하나 보기 힘든데, 골치 아파도 1,000만 원이라도 벌 수 있다면 기꺼이 움직일 수 있었다. 재테크는 해보지 않아서 더 두렵고 무서운 것이었지, 해보니 그것도 사람 사는 일 중 하나였다.

일하는 노동 외에 재테크를 통한 수익이 생기면 삶이 달라진다. 나는 재테크 방법 중 부동산을 통해 부가적인 수익이 생겼지만, 사람마다 다른 방법으로 할 수 있다. 스마트스토어나 쿠팡을 통한 판매로 부수익을 노릴 수도 있고, 주말에 투잡을 할 수도 있다. 글을 잘쓰는 사람들은 블로그나 구글 애드센스를 통해 추가 수익도 노릴 수 있다. 중요한 것은 지금 당장 해보려는 의지와 용기다. 용기를 내어 급여 외에 수익이 늘어나는 것을 경험하게 되면, 아예 다른 차원의 세계로 들어간다. 곳간을 열어도 다시 차오른다는 것을 알게 된다.

오랜 기간 재테크에 대해 공부하고 실천한 선배들은 더 높은 곳에서 조언해 주었다. 이 정도 쌓아나갈 수 있으면 만나는 사람이 달라진다고 말이다. 나는 그곳까지 가고 싶다. 아이에게 많은 시간을 할애해야 해서 속도는 느리지만 방향은 확실하다. 지금까지 자산의 볼륨을 늘리려면 어떻게 하는지 초점을 두고 지냈고, 앞으로 3년 동안 월 흐름을 유동적으로 하는 것을 목표로 하고 있다. 3년 후에는 건강이 좋지 않아 일하지 않더라도, 번 아웃이 되어 휴직을 선택하더라도, 삶이 흔들리지 않는 급여 수준의 흐름을 목표로 한다. "R=VD"를 외치며 더 생생하게 3년 후의 삶을 상상해본다.

이혼한 사실을 말해야 할까요?

"제가 이혼한 사실을 말해야 할까요?"

이혼자들의 단골 질문이다. 이혼했다고 내가 다른 사람이 되는 것도 아니고, 잘 지내다가 대뜸 "저 이혼했어요. 오늘부터 돌싱이랍니다" 하고 말하는 것도 웃긴 상황이 아닐까? 이혼 사실을 밝혀야 할까? 아니면 숨기는 것이 맞을까? 이혼자들의 커뮤니티에서 이런 질문들에는 대다수 '굳이' 밝힐 필요는 없다고 이야기한다.

나도 똑같은 고민을 했다. '이혼을 했다고 업무가 달라지는 것도 아니고, 배려받는 것도 없을 텐데 말해야 하나'라는 생각이 들었다. 보수적인 직장문화로 이혼녀에 대한 시선이 곱지 않은 것도 한몫했다. 3년 전 직장에 이혼한 선배가 있었는데, 그 선배와 사이가 좋지 않은 사람들은 "저러니까 이혼했지, 이혼할 만하다"라고 이야기하기도 했다. 혹여나 일하다가 실수를 하거나 다른 사람과 트러블이 생길 때 나도 저런 취급을 받지 않을까 하는 두려움도 있었다. 가족관계를 조사하는 연초에는 화장실로 뛰어가 눈물을 쏟을 만큼 스트레스를 받았다. 이혼했는데 남편이 있다고 이야기하는 것도, 또 없다고 이야기하는 것도 힘들었다. 뉘앙스로 알 만도 한데, 하나하나 따져서 물어보는 급여담당자를 보며 이를 북북 간 적도 있다.

아이의 교육기관이나 학교 역시 마찬가지였다. 아이의 기초조사서를 작성할 때, 아직도 아빠의 정보를 적는 칸은 머뭇거리게 된다. 적기도 그렇고 안 적기도 그렇고, 이런 사소하지만 꺼려지는 것들을 작성할 때, 전남편에 대한 미움을 비웠다 싶다가도 다시 쌓인다.

굳이 밝힐 필요가 없는 이혼 사실은 아이로 인해 커밍아웃 되었다. 아빠 없다고 떠들고 다니는 아이가 바로 내 아이였기 때문이다. 직장으로 놀러 왔다가 아빠가 없다는 소리를 대수롭지 않게 말해버린 덕에 알음알음 사람들이 알게 되었다. 아이는 별생각 없이 회사에 폭탄을 던진 뒤 과자를 얻어먹고 유유히 학원으로 갔다. 예상치 못하게 싱글맘인 것이 커밍아웃 된 날 얼마나 속이 상하던지 아이가 잠든 밤, 맥주를 엄청 마셨다. 속상해하는 모습을 보시던 엄마는 남의 이야기는 사흘이면 끝난다며 나를 위로했다. 그리고 며칠 뒤 엄마도 이혼한 딸이 근처에 산다고 강제 커밍아웃을 당했다. 아이와 함께 아파트 단지를 산책을 하다 아파트에서 사귄 친구분을 만나셨다고 한다. 물고기 구경을 하고 있던 아이에게 "아빠랑 같이 낚시하러 가"하고 친구분은 말씀하셨고, 아이는 대수롭지 않게 "저 아빠 없는데요?" 했다는 것이다. 민망했던 엄마와 친구분은 황급히 헤어졌다고 한다.

엄마는 부끄럽다고 하셨다. 세상 부끄러워 이혼하지 말란 분이었는데, 느닷없이 사위 없다고 커밍아웃 되었으니 부끄러우셨을 것이다. 나도 똑같이 엄마를 위로해주었다.

"엄마, 남 이야기는 사흘이래. 그리고 엄마는 남편 있잖아. 내 이야긴데 뭐. 하하."

막상 아이로 인해 싱글맘인 게 알려지자 '될 대로 되라'는 마음이 생겼다. 이혼한 것을 알리지 않으려 한 게 언제였나 싶게 편안하게 이야기할 수 있게 되었다. '싱글맘인데 뭐 어때서? 싱글맘 쉽지 않지만 그냥 살만해' 하는 배짱으로 살 수 있게 되었다. 만약 아이가 뜬금없이 커밍아웃을 시켜주지 않았으면, 아직까지 감추고 살았을 것이다.

싱글맘인 게 알려지자 좋은 점이 있었다. 아이와 관련하여 근태를 쓰는 것에 대한 관리자들의 이해도가 높아졌다.

"아, 소영이는 아이 혼자 키우니까. 맞아. 이때 연차 쓰게 해주자."

우리 회사의 온 관리자가 나를 돕는 느낌이 들 정도였다. 회식 자리에서도 아이는 누가 봐주냐며 물어 오시기도 하고, 업무의 강도도 약해졌다. 그렇게 시간이 지나자 먼저 싱글맘인 것을 이야기할 수도 있었다. 작년 상사가 일하면서 "고충이 없냐, 평소에 힘든 것은 없냐" 물었을 때 나는 싱글맘이라 아이 혼자 키운다고 말했다. 그러자 상사가 이렇게 말했다.

"어머, 완전 부럽다."

나를 위해 한 말일지는 모르겠지만, 민망하기도 하고 기분이 이상했다. 보수적인 조직문화를 대표하는 우리 회사에서 이혼이 이상한 것도, 싱글맘이 이상한 것도 아니었다. 세상이 생각보다도 훨씬 바뀌어있었다.

싱글맘 친구 중 한 명은 애초부터 싱글맘인 것을 밝히고 일을 했다. 아이를 혼자 키우더라도 다른 사람보다 더 열심히 했고, 더 좋은 퍼포먼스를 냈다. 고객들은 친구가 싱글맘이지만 열심히 하는 모습에 감화를 받았고, 친구의 경험이 고객들의 공감을 얻는 무기가 되기도 했다. 한번은 친구에게 물었다.

"너는 어떻게 싱글맘인 거 밝힐 수 있었어? 거리낌 같은 건 없었어?"

"나도 안 밝힐 수 있음 안 밝히고 싶은데, 말 안 하고서는 업무환경이 안 나오니까 어쩔 수 없었지."

싱글맘이 직장생활을 하며 이혼을 숨기고 싶다고 숨길 수 있는 것은 아니다. 일하다가도 아이가 아프면 달려가야 하고, 아이의 행사를 대신 가줄 사람도 없다. 보조양육자가 있더라도 보조양육자에는 한계가 있고, 엄마가 꼭 가야 하는 순간이 일 년에 두세 번은 있다. 그래서 회사에 싱글맘인 것을 알리는 것은 나쁘지 않은 선택이라고 생각한다. 물론 밝히려 생각하면 피하고 싶고, 주저하게 된다. 하지만 싱글맘인 것을 알리면 부정적인 이미지를 상쇄할만한 이점도 많다. 그리고 예전만큼 이혼자에 대한 인식이 부정적이지도 않다. 우스갯소리로 '한 번도 안 가본 사람보다 한 번 갔다 온 사람들이 더 정상'이라는 말도 있지 않은가? 이혼했다고 혼자 아이를 키운다고 모든 사람에게 알리라는 것이 아니다. 밀접하게 일로 엮여 있어 내 스케줄이 밀접한 영향을 미치는 관계나 직속 상사에게만 살짝 말하는 것은 괜찮다는 것이다.

아이의 학원이나 학교에 알릴지 말지의 여부는 아이의 성향에 따라 다르다. 우리 아이의 경우 워낙 엄마의 이혼이나 아빠의 부재에 대해 편안하게 집에서도 이야기했고, 그게 학교나 학원까지 이어져서 모두가 알게 된 상황이었다. 이런 경우라면 엄마가 감추고 싶다고 감출 수가 없다. 이미 아이가 다 말하는데 감춰봐야 우스운 꼴이 된다. 오히려 터놓고 도움을 받는 쪽을 선택했다. 특히 체육 계열 학원의 경우, 아빠의 부재로 채워줄 수 없는 남성성이나 에너지 등을 채울 수 있어 좋았다.

하지만 아이가 아빠의 부재를 여러 사람에게 이야기하는 것이 불편하기에, 약속을 정했다.

"너는 괜찮지만, 엄마는 그런 것들이 알려지는 것이 마음이 불편해. 그리고 엄마와 너 둘이 사는 걸 다른 사람이 모두 알게 되면 혹시나 나쁜 일이 생길 수도 있으니까, 네가 먼저 엄마랑 둘만 산다고 이야기는 안 했으면 좋겠어."

"혹시나 다른 사람이 물어보면 어떻게 대답하면 좋을까?"

"거짓말을 할 필요는 없지만, 굳이 아빠가 없다고 이야기할 필요도 없어."

아이와 여러 번 대화를 나누며 시뮬레이션을 해보기도 했다. 2년 만에 그 대화가 결실을 얻어, 이제 아이는 의연하고 유연하게 대처한다. 역시나 고비는 초등학교 저학년까지인 것 같다.

반면 여자아이들은 대다수 알리는 것을 싫어한다. 특히 주변에 이혼가정이 없을 경우 더 그랬다. 아이들이 엄마나 아빠가 없다는 것을 알면 놀릴까 봐 두려워하는 경향도 많다. 그럴 경우는 아이의 의견에 따라주는 것이 맞다. 굳이 엄마나 아빠가 없다고 알릴 필요도 없는데, 그 사실을 숨긴다고 큰일이 나는 것도 아니다. "엄마 아빠가 이혼했고, 싱글맘의 자녀로 산다고 네가 잘못한 것은 아니다" 하고 마음을 알아주는 것만으로도 충분하다.

4년 동안 싱글맘인 사실을 숨겼다. 하지만 남편에 대한 이야기를 전혀 하지 않으니, 주위 사람들은 이혼을 했거나 아니면 별거를 했을 것이라 추측했을 것이다. 아이에 의해 반강제적으로 싱글맘인 것이 밝혀진 후, 굳이 거짓말을 하지 않아도 된다는 점에서 자유로웠다. 일하면서도 아이 중심적으로 할 수 있고, 아이를 둘러싼 환경에서도 아이의 이슈에 적극적으로 대처할 수 있었다. 싱글맘을 바라보는 부정적인 시선이 여전히 존재하긴 하지만, 그것에 크게 신경 쓰지 않을 만큼 마음이 단단하게 성장했다.

다시 좋은 사람을 만나 사랑할 수 있을까요?

"다시 좋은 사람을 만나 사랑할 수 있을까요?"

이별을 겪은 사람이라면 누구나 한 번쯤 해본 고민일 것이다. 나이가 들수록 이별 후 다른 사람을 못 만날 거 같은 불안감이 들고야만다. 이별한 상대보다 더 좋은 상대를 만날 수 있을까? 점점 나이가 들고 외모도 시들어 가는데…. 보란 듯이 더 좋은 사람 만나야 하는데, 가능한 걸까? 돌싱 뿐 아니라 싱글인 경우도 위와 같은 걱정을 한다. 그런데 애까지 딸린 싱글맘은 더 좋은 사람을 만나 새로운 사랑을 할 수 있을까?

확률적으로 더 좋은 사람을 만날 가능성이 낮다. 괜찮은 상대는 결혼 후 순탄한 인생을 살고 있을 가능성이 크다. 아직 결혼하지 않은 사람들은 결혼을 안 한 것이 아니라 못했을 가능성이 크다. 조목조목 따지자면 나이도 많고, 애까지 딸린 이혼녀다. 그에게 복수하려면 보란 듯이 더 잘난 사람을 만나서 살아야 하는데, 이거 참 쉽지 않은 일인 것이다. 자신감으로 반짝반짝 빛나고 살아도 모자랄 텐데, 한 번 실패했다고 자라처럼 목을 움츠리고 세상을 바라보니 더욱더 쉽지 않다. 싱글맘은 스케줄상 아이가 우선인데, 상대방이 그것을 이해해 줄 수 있어야 한다. 결국 싱글맘이 누군가를 만나려면, 엄마인 나도, 여자인 나도 이해해 줄 수 있는 사람이어야 한다. 거기에 전남편보다는 잘난 사람으로 말이다. 단순히 생각해보아도 쉬울 것 같지 않다. 이혼녀라고 만만히 보는 남자도 있다. 이 모든 것을 가려야 한다.

앞에서도 밝혔듯, 결혼정보회사에 가입했다. 아이가 없는 이혼남도 만나보고, 노총각도 만나보고, 자녀가 있는 이혼남도 만나봤다. 같은 이혼자라도 아이가 있다는 것이 패널티로 느껴지기도 했다. 출산을 겪어서 몸의 골격은 누가 봐도 아줌마였고, 시간이 지날수록 나는 더 늙어가고 경쟁력이 없어지는 것 같았다. 아이가 커갈수록 상대가 부담스러워할 요소이기도 했다. 특히 사춘기에 접어드는 아이들은 눈빛부터 반항적으로 바뀌니 더 부담스럽다. 있는 그대로 아이를 온전하게 좋아해 주고 편견 없이 받아줄 수 있는 사람이 있을까? 하는 의문이 들기도 했다.

상대가 나와 아이를 온전히 받아줄 수 있어야 하고, 나도 상대방을 온전히 받아줄 수 있어야 했다. 상대방의 성격, 경제력, 자녀 유무, 부모님의 노후 등도 고려해야 했으니, 이건 사막에서 바늘 찾기와 같은 격이다. '미혼의 연애보다 싱글맘의 연애는 커트라인이 높다'는 것이 괜히 나온 말이 아니다. 나만 생각하는 게 아니라 아이도 생각해야 하기 때문이다. 상대방 역시 마찬가지다. 이혼녀인 것도 부담스러운데, 애 딸린 이혼녀라니. 스스로를 깎아내리는 것이 아니라 현실이 그렇다. 이런 현실을 직시하고 있어야 한다.

누가 봐도 어렵지만 개인의 취향은 다양하다고, 감사하게도 내가 자신의 취향이었던 사람이 있었다. 사막에서 바늘 찾기였지만 바늘을 찾는 것이 가능했다. 예쁘다고 이야기해주고 미간이 찌푸려질 때면 손으로 살살 펴주는 사람이 있다. 거울에 비친 내 모습을 보며 "보톡스 맞을까? 아님 필러라도?" 하고, 고민하고 있으면 자연스럽게 나이 들어가는 모습이 훨씬 좋다고 이야기해주는 사람 말이다. 좋은 점을 충분히 칭찬하고, 개선해야 할 점은 조심스레 이야기해주는 사람이 나타났다. 꽤 오랜 기간을 만나왔지만, 큰 트러블 없이 신뢰할 수 있는 사람이다. 이렇게 가능성을 열어두면 기적과도 같은 인연이 또 찾아온다.

하지만 이혼의 슬픔에 헤어나오기 위해서나, 불타오르는 마음으로 빠르게 재혼을 선택하는 것은 잘못이다. 이미 한번 갔다 왔는데 성급하게 또 다시 선택을 한다면, 실패할 가능성이 무척 높아진다. 그리고 사람들은 생각보다 이성을 보는 취향이 확고하다. 전남편과 다른 남자를 만날 것이라 다짐해놓고 또 전남편과 유사한 사람을 만나는 것이다. 재혼자의 이혼율이 75%인 만큼 정말 신중하게 결정해야 한다.

레오나르도 디카프리오를 생각해보자. 몇십 년을 한결같이 금발에 20대 모델과도 같은 여자 친구만 만나는 것을 볼 수 있다. 참 단무지 같은 취향이다. 연애야 자유지만 충분히 상대를 파악하는 단계를 거치면 좋겠다. 신중할수록 좋다.

한번 돌아오는 것은 실수라고 생각하지만, 두 번 돌아오는 것은 문제가 있다고 주변 사람들은 생각할 것이다. 이혼자들 사이에서도 한 번 돌아온 사람과 두 번 돌아온 사람에 대한 인식은 다르다. 물론 재혼한 후 상황이 여의치 않고 잘못된 걸 깨달았다면, 참는 것보다 돌아오는 게 맞지만 말이다.

내가 아는 싱글맘들은 이혼 후 두어 번 연애의 과정을 거쳤다. 의외로 싱글맘의 연애는 그리 어렵지 않다. 그들은 전남편과 반대인 성향의 남자친구를 만났다. 책임감 없이 아내에게 기대기만 했던 결혼생활을 한 사람은 리더십이 강하여 끌어당길 수 있는 사람을 만나고, 본인에게 소홀하게 대했던 결혼생활을 한 사람은 본인을 누구보다 위하는 사람을 만났다. 이혼 후 누군가를 만나는 것은 그리 어렵지만은 않다. 의외로 나를 괜찮게 생각하고 내 취향에 맞는 사람이 있다. 단지 어느 하나 부족한 부분이 있을 수는 있지만 말이다.

연애하면 예뻐진다는 말처럼, 연애하는 동안 친구들의 얼굴은 반짝반짝 빛이 났다. 새로운 에너지를 얻었다. 물론 연애를 하고 있는 내 얼굴도 반짝반짝 빛이 난다. 한번 사는 인생인데, 지난 사랑의 굴레에서 머물고 있을 필요는 없다. 이성 친구가 채워줄 수 있는 부분은 생각보다 크다. 재혼은 둘째 문제다. 마음을 열고 천천히 탐색하다 보면 분명 취향인 사람을 찾을 수 있다. 물론 그전에 정말 바라는 이성은 어떤 사람인지 정확하게 알고 있어야 한다.

나도 전남편과 반대되는 성향인 사람을 만나고 싶었다. 그래서 그와 반대 성향인 사람들을 만날 것이라 다짐했다. 안정적인 직장인, 조용한 목소리와 욱하는 기질이 없는 사람, 선비 같은 인상, 부모님도 직장생활을 하고 있거나 했던 사람, 가족끼리 화목한 집안이 조건이었다. 이야기하다 보니 또 세상에 존재하지 않는 유니콘처럼 육각형 남자에 가까운 것이다. 그런 사람을 처음 만났을 때 느낀 점은 '내 취향이 단무지 같았구나' 하는 점이었다. '쾌활하고 액션이 좋으며, 새로운 것을 찾고 약간 허세가 있는 사람을 좋아했구나' 하고 알게 되는 계기였다. 스스로의 취향을 직시하고 이제는 그런 성향인 사람이 보이면 나도 모르게 거리를 두게 된다. 자라 보고 놀란 가슴 솥뚜껑 보고 놀라는 것과 같다.

조용하고 화가 없는 선비 같은 남자친구를 오랜 기간 만나고 있다. 전남편과 연애와 결혼한 기간보다 더 오랫동안 만나고 있다. 이렇게 오랜 기간을 만나보니 다른 모습을 발견하기도 한다. 선비 같은 줄 알았는데 생각보다 흥이 많은 사람이라던지, 욱하지 않은 기질이 가정적인 환경에서 나온 것이라던지 말이다. 물론 단점이 보일 때도 있다. 여심에 대해 잘 모르는 성격, 배고프면 아무것도 못 하는 점 같은 것 말이다. 단점을 커버하고 안아갈 수 있을까? 생각해보니 괜찮을 것 같다. 남자친구에게 물어보니 남자친구도 같은 이야기를 했다. 하이톤인 목소리와 두 번 세 번 반복되는 것을 참지 못하는 나의 과민함을 본인이 핸들링할 수 있을 거라 생각했다고 한다. 그래서 오랜 기간 우리가 만나오고 있는 것 같다. 가끔 이 사람을 처음부터 만났으면 좋았을 텐데, 생각해보기도 한다.

아이에게 집중하여 보내는 시간도 보람 있고 멋진 삶이다. 하지만 아이는 언젠가 독립해서 내 곁을 떠날 것이고, 당연히 떠나보내야 함을 안다. 당장 중학생만 되어도 내 손을 많이 떠날 것이다. 이때 혼자 남아 하루를 어떻게 보낼지 고민하는 것보다 함께 즐거운 것들을 할 수 있는 사람이 있으면 좋지 않을까? 재혼을 염두에 두는 게 아니더라도 함께 하는 것이 좋다. 가족과 친구들과 할 수 있는 한계가 있다. 그리고 나이 들어갈수록 더 괜찮은 사람은 줄어들어 괜찮은 사람을 만날 확률은 적어진다는 것을 기억해야 한다. 취향을 먼저 정확하게 파악하고 마음을 열고 편견 없이 사람들을 만난다면, 싱글맘인 내가 이상형이라고 이야기하는 누군가가 나타날 것이다. 예쁘게 만나고 오래 보아 괜찮은 사람이면 재혼하면 된다. 굳이 새로운 인연을 거부하고 살 필요가 있는가?

Chapter
5

완벽한 독립보다
당당한 자립을
꿈꾸다

싱글맘이 뭐가 어때서요?

　사회초년생일 때 10살 많은 돌싱 언니와 32평집에 함께 살았다. 지방 소도시라 보증금이 5,000만 원이었는데, 언니 2,500만 원, 나 2,500만 원을 내고 공과금은 반씩 나눠 냈다. 언니는 성격이 쾌활하고 적극적이었다. 옷도 젊고 센스 있게 입어서 보기에 좋았다. 언니를 보며 나도 나이 든 뒤 저렇게 꾸미고 살고 싶다고 생각했다.

　언니는 8년을 알아 오던 남자사람친구와 결혼을 했고, 남편은 고소득자였지만 경제 상황을 언니에 공유하지 않고 술을 마시는 것으로 많은 것을 탕진했다고 한다. 거짓말과 돈 걱정으로 점철된 결혼생활을 견디지 못한 언니는 제발 이혼해달라고 빌고 또 빌어서 이혼할 수 있었다. 아이는 전남편이 키우고 한 달에 한 번씩 면접 교섭을 했다. 면접 교섭을 하고 돌아온 언니는 참 많이 울었다. 아이를 두고 왔다는 죄책감에 시달렸고, 외로움이 밀려와 대외활동을 많이 했다. 내 일이 아니라 언니에 대해 깊이 생각하지는 않았지만, '대체 왜 이혼을 한 걸까? 언니에게도 문제가 있었나? 엄마가 아이를 키우지 않는 건 괜찮은 건가?' 하고 생각했다.

돌싱, 싱글맘이라고 하면 어떤 이미지가 떠오르는가?

싱글맘은 주로 '짠하다, 철없을 것 같다, 불쌍하다, 힘들겠다'는 이미지가 강하다. 그나마 괜찮은 이미지는 '열심히 산다, 대단하다' 정도다. 싱글맘이 이런 이미지를 가지게 된 것에는 과거 싱글맘이 TV나 방송 매체 등을 통해 노출되는 모습이 부정적인 경우가 많아서인 것 같다. 당장「금쪽같은 내 새끼」같은 TV 프로그램에서도 싱글맘 가정의 경우 문제가 많고 불행하게 비치는 경우가 많다.

세상이 싱글맘을 부정적인 이미지로 노출하더라도 스스로 그런 이미지에서 탈출해 '싱글맘이 뭐 어때서?'라고 생각해보는 것은 어떨까? 싱글맘에 대해 부정적인 인상을 갖는 사람들이 나를 위해 무엇을 도와준 것도 아니고, 그 사람은 내밀한 내 사정에 대해 모른다. 굳이 그 부정적인 이미지 때문에 나를 불행한 사람이라는 프레임 안에 가두거나, '나는 싱글맘이니까 이렇게 살아도 돼'와 같이 부정적인 삶의 방식으로 살아가지 않으면 좋겠다.

'싱글맘인데 뭐 어때서? 내가 너한테 잘못했어?'라는 마음으로 당당하게 살아갔으면 한다. 싱글맘도 주변에서 흔하게 보이는 한 아이의 엄마이고, 또 워킹맘일 뿐이다. 단지 남편의 부재라는 패널티가 있지만 말이다. 10~20년만 지나 보면 알 것이다. 남편의 부재가 패널티가 아니라 베네핏이 될 수도 있다는 것을 말이다. "젠장(?) 나만

남편 있어"라는 말이 괜히 나오는 말이 아니다.

본인이 위축된 모습으로 살아갈 때, 상대방은 그 모습을 보고 위축된 사람으로 판단할 것이다. 스스로 싱글맘이라는 프레임에 갇혀있지 않고, 다양한 사회구성원 중 하나로 씩씩하게 살아간다면, 싱글맘의 이미지도 긍정적으로 바뀔 수 있다.

우리나라에서도 싱글맘에 대한 이미지가 긍정적으로 바뀌고 있고, 언젠가는 외국처럼 가정을 이루는 또 다른 형태 정도로 여겨질 시기가 올 것이다. 단지 지금은 과도기적 단계에 있다고 생각한다. 지금 시기에 싱글맘으로 살아서 다행인 것 같다. 우리 엄마들의 시대에 태어나서 싱글맘으로 살았다고 생각하면 아찔해진다. 부모님 세대는 부당한 일도 참고 넘기는 경우가 많았고, 여자가 일할 수 있는 환경도 극히 드물었다. 그렇게 생각하면 우리는 참 좋은 시대에 태어났고, 싱글맘이 된 것도 그리 최악은 아닌 것 같지 않은가?

작년 친하게 지냈던 동료가 불의의 사고로 남편과 사별했다. 그 동료에게 싱글맘이라고 밝힌 적이 없었는데, 누군가에게 들었던 건지 어느 날 물어왔다.

"소영 씨, 혼자서 어떻게 이렇게 오랜 시간을 버텼어요? 혼자 아이 키우고 살아가는 게 무섭지 않았어요? 나 이제 어떻게 하면 좋아요?"

"걱정했던 것과 달리 다 살아져요. 사람 사는 거 똑같아요. 누구나 고민이 있고, 누구나 고충이 있잖아요. 싱글맘도 다르지 않아요. 그리고 생각보다 할 만해요. 남편 밥 안 차리는 거 완전 꿀이에요. 싱글대디는 직장생활만 하다 가사+육아+직장일을 다 같이 하려니 힘들 겠지만, 싱글맘의 삶은 그다지 다르지 않아요. 할 수 있어요."

나는 스스로에게 당당했다. '싱글맘이지만 충분히 잘해왔고, 앞으로도 잘해갈 것이다. 지금까지 잘하지 못했더라도 앞으로는 잘할 수 있다. 사람은 완벽한 존재가 아니니 실수는 하겠지만, 나만 실수하는 건 아니다. 너도 실수할 수 있다'라는 자세로 살아간다. 설사 나를 딱하고 이상한 존재라고 생각해도 상관없다. 그들은 나에게 소중한 존재가 아니고, 그런 사람들을 일일이 신경 쓰고 살기보다 가족에게 더 신경 쓰고 살고 싶다. 할 일도 많다. 하루를 바쁘게 살아가니 그들에게 신경 쓸 틈도 없다. 주어진 환경에 최선을 다해 살아가고, 아이와 우당탕거리더라도 즐겁게 살아간다면 그걸로 충분하다.

내가 가진 싱글맘의 나쁜 프레임을 벗어 던져보자. 그냥 사람 소영이, 직장인 소영이, 엄마 소영이 정도로 생각하면 된다. 싱글맘 7년차, 직장인 15년차, 재테크 공부는 6년차인 나를 보고 짠하게 생각하는 사람은 없다. 주변 사람들이 나에게서 밝고 긍정적인 에너지를 느낄 수 있고 힘을 받는다는 말을 많이 한다. 정글과도 같은 사회에서 어린 아이를 키우며 직장생활까지 열심히 하는 소영이, 이것저것 열심히 하는 소영이라고 생각한다. 때로는 조언을 구하기도 한다. 내가 위축되고 불쌍한 프레임에 스스로를 가두어두었더라면, 그들은 내 진면목을 보지도 못하고 측은하고 안됐다고 생각했을 것이다.

조금 뻔뻔하게 살아보는 것은 어떨까? 내가 이런데 네가 어떡할 건

데? 정도의 자세가 좋은 것 같다. 대신 다른 사람에게 피해를 주지 않아야 한다. 남들이 보기에 약간 4차원 같기는 한데, 에너지도 있고 긍정적인 사람이야, 하는 정도의 평가를 받는 것이 좋다. 타인의 시선에 몰입할 필요가 없다. 타인의 시선은 내 삶에 도움을 주지 않고, 그 시선도 일시적인 것임을 생각하자. 처음에는 어려울 수도 있다. 하지만 한번이 두 번, 두 번이 세 번 되면 자연스럽게 뻔뻔하고 당당하게 살아갈 수 있다. 중요한 것은 긍정적인 자세다. 생각해보라. 아이를 임신하고 열 달 가까이 키워냈고, 고통의 시간을 견뎌 아이를 출산했다. 출산한 것만 해도 굉장한데, 심지어 세상 더러운 일 다 겪는다는 이혼까지 해낸 사람 아닌가? 못할 게 뭐가 있는가? 그 어떤 것이라도 다 해낼 수 있는 잠재력이 우리 안에 있다.

갓 이혼하고 다시 일하기 시작했을 때는 많이 위축되었다. 다른 사람들은 잘사는데 나 혼자 못사는 것 같고 나만 더 힘든 것 같았다. 그래도 하나씩 내가 할 수 있는 것을 실천해가니 어느 순간 '내가 좀 더 나은 삶을 사는 것 같은데'라는 생각이 들었다. 그러다 보니 '싱글맘이면 뭐 어때?' 하는 배짱도 생겼다.

지금의 내 모습이 좋다. 이혼한 거 괜찮냐고, 살만하냐고 물어보면 "좋아"라고 이야기할 수 있다. 이혼자나 싱글맘 싱글대디에 대한 안 좋은 이야기를 들으면 이렇게 이야기해준다.

"그건 이혼자라서, 싱글맘이라서, 싱글대디라서 생기는 일은 아냐. 그냥 그 사람이 그랬을 뿐이지. 그거 편견이야".

인간미 있는 사람이 좋은 이유

나는 까다롭고 완벽주의 성향에 약간의 강박이 있다. 특히 일에 실수하는 것을 못 견뎌 하는 편이다. 그런데 이혼 후 자주 실수한다. 나이가 들어서 업무처리에 미숙한 것인지, 20대만큼 머리가 팽팽 돌아가지 않아서인지 모르겠다. 아마 실수의 가장 큰 원인은 혼자 처리할 일이 많아서인 거 같다. 내 일을 처리해야 하고, 초등학교 3학년인 아이도 챙겨줄 것이 많다. 학교숙제, 학교준비물, 학원숙제, 학원준비물, 주말 픽업 등 아이는 많이 컸지만, 아직 혼자 완벽하게 챙기지를 못한다. 거기에 부모님의 공과금처리나 예약 대행까지 하다보니 과부하가 걸린 걸지도 모르겠다. 예전에는 다 실수 없이 해결해 내었는데 말이다.

나이가 들었고, 한 번에 처리할 수 있는 일이 적어졌고, 처리해야하는 일은 많아져서 생기는 복합적인 결과라고 믿고 싶지만, 실수를 발견했을 때는 참 슬프다.

유순하고 부드러운 성향이 아닌 나는 친해지기 어렵다는 이야기를 들은 적이 꽤 있다. 똑 부러지는 확고한 성향과 호불호를 명확히 표현하는 성격 탓인 것 같다. 그러다 지속적으로 시간을 같이 보내면 '사람이 참 괜찮네'라는 생각이 든다는 피드백을 받았다. 그런 내가 이혼이라는 멍에(?)를 쓰고 솔직하게 상황을 이야기하면 사람들은 오히려 더 친밀감을 느낀다. 약점이 의외의 강점으로 바뀌는 순간이다.

주변에 어려움을 겪는 사람을 보면 왠지 마음이 쓰이고 도와주고 싶어지는 것과 같은 이치 아닐까? 여자 혼자 어린아이를 키운다는 짠한 마음에 응원하고 싶어진 것일 수도 있다. 이혼 사실을 알게 된 동료 두 명이 직접적으로 물어왔다.

"소영 씨, 혹시 재혼 생각 있어?"

"혼자서 어떻게 아이를 키우면서 버텼어요? 괜찮았어요?"

이 질문이 불쾌하지 않았다. 그들도 나 못지않은 고민이 있구나 하는 생각이 들었다. 내 이혼이 그들에게 친밀감을 주었을 것이다. 이혼 사실을 알고 있지만, 내색하지 않는 사람들도 있다. "그렇게 큰 아이가 있는지 몰랐어" 하는 분도 계셨다.

친밀감을 가지게 된 것은 좋지만, 그래도 완벽한 사람으로 기억되면 더 좋겠다고 생각한다. 하지만 이혼으로 흠 없이 완벽한 사람은 될 수 없고, 결점이 있어 더 인간미 있는 사람이라고 생각하기로 했다. 사람이 완벽하면 재수 없다고 하지 않는가? 사람이 늘 완벽하게 살 수 없고 실수도 하며 사는 게 인생인데, 내 이혼도, 실수도 오히려 인간미를 더해준다고 스스로 만족해버리는 것이다. 요즘 말로 정신승리일 수도 있다. 마음을 그렇게 다잡고 나니 업무 중이나 일상생활에서 하는 실수들로 생기는 스트레스가 줄었다. '사람인데 실수할 수 있지, 다음에 실수하지 않으면 돼' 하고 스스로 다독이며 회복하기가 쉬워졌다.

회사에 큰 타격을 미치는 중요한 일은 두 번 세 번 체크해서라도 완벽하게 해내야 한다. 회사는 내 상황을 그렇게까지 고려해주지 않을뿐더러, 개인 사정으로 인해 큰 손해를 끼친다면 오래 직장생활을 할 수도 없을 것이다. 개인 사정은 본인이 알아서 해결해야 하고, 일은 개인 사정과는 별개로 해야 한다. 생일 같이 가족들의 중요 일과도 놓치면 안 된다. 나는 실수하지 않으려고 평소 휴대폰이나 컴퓨터에 모든 스케줄은 기록한다. 하지만 간혹 놓치게 되는 경우도 있다. 예를 들면 아이의 우유 급식 안내장을 보고 기록해둔 뒤 제출을 하지 않아서 누락되는 경우나, 아이의 태권도복을 제때 빨아두지 않았다거나, 엄마의 병원 스케줄을 아침까지 잊고 있었던 일 등등….

싱글맘의 삶을 부정적으로 생각하면 한도 끝도 없다. '남들은 둘이 벌어 하나 키운다는데, 나는 혼자 벌어 혼자 키워야 한다. 나이가 들수록 점점 일하기가 벅차고 빡빡해진다. 우리 애는 한 부모 가정이라 피해를 입는 것 같고, 아이에게 패널티도 있는 것 같아 미안하다. 설상가상 아이가 사춘기가 온 시기에는 나만 이렇게 힘든 아이의 사춘기를 버텨내고 있는가' 하는 원망마저 생길 수도 있다. 결혼만 제대로 했으면 내 인생을 시궁창에 처박아두지 않았을 것이라는 생각이 들기도 할 것이다. 혹시나 이혼녀라 이상한 사람으로 볼 수 있을 것 같아 짜증이 날 수도 있다. 삶이 그렇다. 피라미드의 최상단 꼭대기에 있지 않은 이상 부정적으로 생각하면 끝이 없다. 하물며 그 피라미드 최상단, 남 부러울 것 없어 보이는 사람들이 우울증에 걸려 치료를 받기도 하지 않는가? 그들도 그들만의 고충이 있는 것이다.

모든 것은 마음가짐에 달려있다. 긍정적이고 좋은 점을 찾는 마음가짐이 필요하다.

'남편이 제대로 경제생활을 하지 않거나 아파서 여자 혼자 벌어 서너 명의 식구가 사는 집도 있는데, 그래도 내 새끼만 먹여 살리면 되니 다행이다. 힘들긴 하지만 매일 출근할 수 있는 직장이 있어 다행이다. 우리 애는 한 부모 가정이라 상처를 입었을 수도 있지만, 그만큼 역경을 극복할 힘이 생겼다. 분명히 아이는 더 단단하게 자랄 것이다. 사춘기의 행동들을 아빠는 수용하지 못해 혼만 났을 텐데, 그래도 내가 키워서 아이가 상처는 덜 받겠구나. 다행이다. 그래도 결혼을 해서 이런 꽃 같은 아이를 낳았다. 그것만으로 되었다. 완벽하면 재수 없다는데, 난 이혼해서 더 인간미가 있다.'

마음가짐이 다르면 주변에 많은 여파를 미친다. 저 사람은 이혼했지만, 긍정적인 사람이야. 에너지가 좋아. 더 같은 시간을 보내고 싶어, 라고 느낄 것이다. 피해의식으로 여기저기 불만을 토로하면 잠

시도 같이 있고 싶지 않다. 피곤하고 에너지를 빼앗는 사람으로 주변인들은 느낀다. "지금 상황이 이런데, 어떻게 긍정적이 될 수 있나요?"라고 물을 수도 있다. 그럴 때는 긍정적인 태도로 삶을 보는 연습을 하면 좋겠다. 전향적으로 생각하고, 주문을 외듯 긍정적인 말들로 하루를 채워 보내면 된다. 적어도 부정적인 생각을 입 밖으로 내뱉지 않는 것만으로도 놀랄 만큼 개선된다.

나는 신라호텔 대표인 이부진 씨를 참 좋아한다. 외모를 보아도 우아하고 기품이 있다. 노블리스 오블리주를 실천하는 사람으로 여겨진다. 오래전 한 택시기사가 실수로 신라호텔 출입문을 들이받는 사고가 있었다. 100% 택시기사의 잘못이었고, 보상해야 하는 금액이 엄청나서 안타까워했다. 하지만 이부진 씨의 배려로 택시기사에게 보상을 요구하지 않았던 이야기는 지금까지도 미담으로 유명하다. 누가 봐도 우아하고 완벽한 이부진 씨가 이혼을 해서 더 인간미가 느껴진다.

스스로를 옭아매지 않았으면 한다. 피해의식에 사로잡히지도 말고 자유로우면 좋겠다.

블로그 이웃 중 '카레워커홀릭'이라는 대화명을 사용하시는 분이 있다. 언젠가 그분이 줌 강의에서 본인의 삶을 글을 쓰며 풀어나가고 있다는 이야기를 했다.

"제가 하는 이야기라 해봐야 또 이혼 이야기죠. 근데 어디서 이렇게 디테일하게 이혼한 이야기를 듣겠어요. 그러니까 좀 잘 들어봐요."

경쾌하게 말씀하셔서 웃음이 나오기도 하고 자신의 약점도 약점 같지 않게 이야기하니 긍정적인 에너지가 느껴졌다. 오랫동안 친하게 알고 지내면 좋겠다는 마음도 들었다. 긍정적이고 유쾌한 모습을 보니 함께 에너지를 받는 기분이었다.

이왕 이혼한 것이면 이왕 싱글맘이 되었으면 기죽지 말고, 약점으로 삼지 말고 "거 뭐 어때서요? 완벽한 나에게 이런 약점이 없으면 재수 없지 않겠어요?" 하고 웃으며 이야기하면 좋겠다. 그 누구도 무겁고, 우울하고, 부정적인 사람을 원하지는 않는다. 긍정적이고 밝고 에너지 있는 사람을 원한다. 당신은 어떤 사람을 옆에 두길 원하는가? 나부터 옆에 두고 싶은 사람이 되면 좋겠다.

실패를 넘어서면 단단한 내일이 있다

"시작하고 실패하는 것을 계속하라. 실패할 때마다 뭔가 가치 있는 것을 얻게 될 것이다."

헬렌 켈러의 선생님으로 유명한 '앤 설리번'의 명언이다.

실수하고 싶은 사람은 없다. 누구나 성공하는 인생을 살고 싶어 한다. 하지만 성공만 하고 살 수 있는 사람이 있을까? 실수가 두려워 아무것도 하지 않는 것 역시 실수일 만큼 우리는 많은 상황에서 여러 가지를 선택하고 경험한다. 실수를 하든 성공을 하든 중요한 것은 그 결과 뒤에 따라오는 행동들이다. 실패한다면 그 이유에 대해 반성하고 개선하여 다시 도전하면 된다. 만약 성공했다면 겸손한 자세로 멈추지 않고 나아가면 된다.

무난하기만 했던 인생에 이혼은 큰 실패였고, 전남편을 배우자로 선택한 것은 실수였다. 인생이 통째로 뒤흔들렸다. 우울감에 빠지기도 하고, 세상 사람들의 시선이 두려워 숨기도 했다. 흔들리는 시간 동안 왜 그런 실수를 했는지 되돌아볼 수 있었다. 나에게 맞는 이성을 보는 눈이 부족했다는 실패 요인을 찾아냈다. 집을 마련하는 것도 실수의 연속이었다. 마음이 급했고 공부가 부족했다. 얼마나 부족했던 건지 공부가 부족하다는 사실조차 깨닫지 못했다. 실패한 뒤에야 나의 부족함을 깨달았다. 싱글맘으로 육아를 하는 것도 실수의 연속이었다. 싱글맘 가정에서 자라는 아이들은 어쩔 수 없다며 아이의 나이보다 높은 수준을 요구하기도 하고, 보호자로서의 카리스마보다는 친구같이 아이와 싸운 적도 있다. 이혼 후 직장 내에서 가족관계에 대해 물을 때도 실수의 연속이었다. 이혼했다는 사실을 밝히고 싶지 않아서 누구나 알 법한 핑계를 대었다. 아내로 사는 것도, 엄마로 사는 것도, 직장인으로 사는 것 역시 실수투성이였다.

하지만 실수한다고 큰일 나는 것은 아니다. 실수 없이 완벽하게 사는 사람이 얼마나 있을까? 다들 실수하고 넘어지고 살지만, 그걸 다른 사람에게 들키지 않을 뿐이다. 넘어지면 잠시 숨을 고르고 벌떡 일어나서 또 앞을 보며 살아가면 된다. 가는 방향이 올바르다 생각되면 뛰기도 하고, 숨이 찰 때는 걸어도 된다. 무엇보다 포기하지 않는 것이 중요하다. 이혼의 아픔으로 좌절하고 숨어 지냈다면, 지금처럼 살지 못했을 것이다. 처음 마련한 집이 잘못 고른 집이라서 집은 사면 안 된다고 임차인으로 머물렀다면, 지금도 이사 다니고 있을 것이다. 이사 가는 것은 괜찮지만, 아이가 그때마다 학교를 옮겨 다니고 새로운 친구들을 계속 사귀어야 했을 것이다. 육아 역시 그대로 안주했다면 아이에게 나는 두려운 존재가 되어, 아이는 나에게 속마음을 이야기하지 못했을 것이다.

비록 실수와 실패투성이의 인생을 살아가고 있지만, 진정 원하는 바를 알고 있기에 넘어져도 다시 일어나서 걷고, 또 달린다. 실수를 딛고 일어섰기 때문에 그 경험을 공유할 수 있다. 이혼했지만 스스로 행복하게 살고 있다 이야기할 수 있고, 첫 집 마련을 실패한 덕분에 성공한 집을 소유할 수 있었다. 아이와의 관계 역시 아이를 독립적인 개체로 인정하고 그때그때 사과한다. 비록 한 부모 가정이고 아빠를 만나지 못하는 아이지만, 밝고 건강한 정서를 가진 딱 그 나이에 맞는 아이로 자라고 있다.

지금 당장 넘어졌다고 나머지 인생을 모조리 포기하고 사는 것은 너무 아깝지 않은가? 아직 늦지 않았다. 100세까지 사는 시대를 우리는 살고 있다. 아직 인생의 절반을 살지도 않았다. 지금 힘들고 무너지고 싶어도 견뎌내고 한 발짝씩 움직이다 보면, 언젠가 누가 봐도 잘살고 있을 것이다. 이혼은 삶의 과정에 놓여있는 하나의 허들일 뿐이다. 그 허들을 뛰어넘었을 때 더 높은 레벨로 업그레이드될 수 있다. 실수를 딛고 일어난 사람은 마음의 그릇이 필연적으로 커진다. 누군가를 더 깊이 이해할 수 있고, 누군가의 아픔에 공감할 수 있다. 실패를 딛고 일어났기에 더 단단해질 수도 있다. 그 자리에서 버티기만 하더라도 좋은 날은 온다. 그러니 견디고 버텨내는 것부터 해보면 좋겠다.

연예인 김나영 씨를 종종 떠올린다. 그녀는 이혼하고 혼자 아들 둘을 키우며 사는 모습을 보여주었다. 사랑해서 결혼한 남편은 경제사범이 되었고, 김나영 씨는 공인이라 그 누구의 시선으로부터 피할 수도 없었다. 전남편의 잘못으로 TV 프로그램에서 모두 하차해야 했고, 이혼도 해야 했다. 세상 모두가 김나영 씨의 결혼과 이혼 과정을 다 알게 되었다. 아이는 둘이나 있고, 에너지가 넘치는 아이들을 엄마 혼자 감당하기엔 쉽지 않았을 것이다. TV 프로그램 「나 혼자 키운다」 속 김나영 씨의 아들 두 명을 보고 있으면 나도 진땀이 날 만큼 혼자 감당하기가 쉬워 보이지 않는다. 하지만 그녀는 특유의 밝은 에너지를 잃지 않았다. 이혼 후 시작한 유튜브는 대박을 쳤고, 그 유튜브 수익의 일부를 한 부모 가정의 여성 가장에게 기부하고 있다. 그녀는 두 아이를 홀로 키워야 했기에, 배우자를 잘못 선택한 것을 인정하고 견디며 앞으로 나아갔다. 씩씩하게 자신의 삶을 살았다. 김나영 씨가 그대로 주저앉았더라면, 지금과 같은 위치에 있을 수 있을까? 김나영 씨는 이혼 후 더 잘된 연예인으로 꼽힌다.

이혼 전 여자 노홍철로 불릴 만큼 수다스럽고 부산스러운 이미지를 가진 김나영 씨는 이혼 후 부드럽고 더 편안한 이미지로 보인다. 비록 이혼했지만 밝고 긍정적인 사람이 되어, 그 자체만으로도 다른 사람에게 용기를 줄 만큼 긍정적인 에너지를 발산한다. 그녀는 이혼이라는 실패를 딛고 더 단단한 사람이 되었다.

이혼 후 꽤 괜찮은 삶을 살고 있지만, 한 번씩 싱글맘의 무게로 지칠 때가 있다. 나는 대체 왜 이렇게 살아야 하나 자괴감이 드는 순간도 있다. 그런 밤이면 아이를 일찍 재우고 맥주 한 캔을 마시며 다시 마인드셋을 한다. 비록 실수했지만, 비록 실패했지만 앞으로 더 나은 사람이 될 것이라고 힘을 낸다. 나 역시 이혼 후 더 잘 풀린 사람으로 평가받을 수 있을 것이라 상상해본다.

이혼으로 상처를 입었지만, 이혼이 나를 무너뜨리지는 않았다. 이혼하고 싶어도 이혼하지 못하고 간신히 버텨가는 사람들도 있는데, 나는 해냈다. 세상에 혼자 내던져지지 않았고, 삶의 원동력을 주는 아이도 있다. 그리고 아직 젊다. 인생의 전반전을 살아가고 있고 앞으로 살날이 많다. 실패를 딛고 일어서면 역전할 수 있는 기회도 있다. 나에 대한 증명은 나의 삶을 통해 할 수도 있다. 실패를 성장의 계기로 삼고 앞으로 나아갈 수도 있다. 심지어 이혼을 통해 재미있는 서사도 생겼다. 스토리 없이 평범한 사람보다 스토리가 있는 사람을 응원하게 되지 않은가? 나도 스토리가 있는 사람을 응원한다. 결혼생활의 실패를 통해 가치 있는 것을 얻었다. 실패를 딛고 나면 더 나은 내일이 있다.

미생에서 완생으로 가는 발걸음

"이왕 들어왔으니까 어떻게든 버텨봐라. 여긴 버티는 게 이기는 데야. 버틴다는 건 어떻게든 완생으로 나아간다는 거니까. 바둑에 이런 말이 있어. 미생. 완생. 우린 아직 다 미생이야."

많은 사람이 인생 드라마라고 꼽는 「미생」의 명대사다.

미생과 완생은 바둑 용어다. 미생의 경우는 한 집뿐인 상태로 완전하게 살아있지 않은 상태를 말하고, 완생의 경우 두 집이 만들어져 완전히 살아남을 수 있는 것을 말한다. 삶은 결국 미생에서 완생으로 가는 여정이다. 미생에 나오는 인물들은 모두 우리 현실을 반영한다. 특히 주인공 장그래가 부당함을 꿋꿋하게 버티고 헤쳐나가는 모습에서 많은 사람이 위로와 공감을 느꼈다. 결국 사는 것은 끝까지 버티는 게 이기는 것, 살아남는 자가 이기는 자라는 말이 맞지 않을까?

싱글맘이 되는 과정부터 버티는 삶이다. 이혼이라는 시련에서 버터내고 세상의 편견으로부터 버텨낸다. 아이를 혼자 키우는 삶 역시 버티는 삶이다. 버티고 또 앞으로 나아간다. 버티는 것만이 아니라 앞으로 나아가야 완생이 되는 것이다. 세상에 아이와 나 둘이 던져져 풍파 속에 살아가는 일은 쉽지 않다. 불안과 걱정 속에서 하루를 보내게 된다. 나도 매일 마음 한구석에 불안과 걱정이 있다. 평범한 일상을 살아가면서도 불현듯 아이에게 무슨 일이 생기거나 건강에 적신호가 들어왔다고 느껴질 때, 온갖 걱정과 불안이 덮쳐오기도 했다. 전남편이 양육비를 제때 지급하지 않을 때도 마찬가지였다. 지금도 양육비가 지급되기로 한 날 전후에 예민해질 때가 있다.

비단 싱글맘이라 그런 걸까? 답은 명확하다. 싱글맘만 그런 것이 아니다. 모든 사람이 삶 속에서 제각각 자신만의 불안과 걱정을 안고 산다. 완전하게 살아가는 사람은 없을 것이다. 지금의 문제와 불안을 버티고 넘어가면 또 다른 걱정과 불안이 기다리는 삶이 사람이 살아가는 세상이다. 하지만 삶이 미생으로 시작해 미생으로 끝나버리는 것은 아니다. 미생에는 완생으로 가는 길이 열려 있다. 한 집만 있어 살아있지 못하는 미생은 두 집이 되면 완생으로 바뀌게 된다. 우리 삶도 바둑의 미생, 완생과 다르지 않다. 미생으로 남으면 죽을 수밖에 없다. 그 자리에 머물러만 있으면 달라지지 않는다. 그럼 어떻게 해야 할까?

싱글맘으로서의 삶은 우선 긍정적이어야 한다. 혼자 선택해야 하는 일이 늘고, 책임감도 두 배가 되는 삶이기 때문이다. 부정적인 생각을 한다면, 그 무게감에 짓눌리고 만다. 긍정적인 생각과 아이를 향한 마음에 품고 살아야 버티고 달릴 수 있는 것이다. 별별 꼴을 다 보고 다른 것들을 견뎌오며 뭐든 할 수 있다는 자신감이 생기면 파워 긍정러가 될 수 있다. 같은 상황이라도 긍정의 시선으로 바라보면 다른 길이 열린다.

일기를 쓰기도 하고, 어떨 때는 신나는 노래를 들으며 미세하게 컨디션을 조정한다. 특히 혼자 펑펑 울고 나면 기분전환이 된다. 기분이 우울할 때는 슬픈 책들을 보며 눈물 콧물을 뺀다. 그러면 마음이 홀가분해지면서 다시 열심히 살아야겠다는 긍정적인 마음을 새롭게 장착하게 된다. 머릿속이 혼란스러울 때는 햇빛 아래를 걷는다. 걸어도 잡생각이 끊이지 않을 때는 뛴다. 땀 흘리며 운동하는 것을 싫어하지만, 뛰고 나면 머릿속이 말끔해질 정도로 개운하다.

누구나 자신만의 방법을 다 하나씩 가지고 있을 것이다. 의식해서 삶을 조정하면 힘들 때도 버틸 수 있다. 만약 이런 방법 중 어떠한 것이라도 시도해 볼 수 없을 정도로 지치고 힘든 상태라면, 심리상담이나 정신과 진료를 시도해보는 게 좋다. 이혼과 육아라는 이슈는 우울증을 유발할 수 있다. 만약 우울증에 해당하는 상황이라면 빠르게 도움을 받는 게 좋다. 본인의 의지로는 빠져나올 수가 없는 영역이기 때문이다. 우울증은 마음의 감기라고 하지 않는가? 정신과 진료를 어려워하지 말자. 치료를 성실히 받고 버텨낸다면 또 나아갈 수 있다.

싱글맘이 되고 경제적인 불안감이 휩쓸었을 때 움직이지 않았다면, 계속 그대로 불안해하며 지냈을 것이다. 불규칙한 양육비에 점점 더 목을 매고 있지 않았을까? 아이의 학원비나 여가를 위한 삶에도 인색했을 것이다. 하지만 그 시간을 버티고 앞을 보며 나아갔더니 지금은 양육비를 지급받지 않더라도 아이와 둘이서 살아갈 수 있는 상황이 되었다. 지금의 삶도 미생을 벗어나지 못하고 있지만, 고되고 힘들어도, 서러울 때가 있어도 버텨본다. 책임져야 할 아이가 있고, 앞으로 나아갈 길이 보이기 때문이다.

미생에서 완생으로 가는 여정은 환경이 아니라 마음가짐에 달린 것 같다. 내 삶이 실패했다고, 내 삶이 어렵다고 그대로 포기하는 마음가짐이 아니다. 실패했지만 실패에 머무르지 않고, 앞으로는 달라질 것이라고, 성공한 삶을 살아갈 수 있을 거라고, 더 나은 삶을 살 수 있다는 희망과 기대감이 바로 완생으로 가는 마음가짐이다.

누구도 내가 앞을 향해 나아가는 것을 막지 않는다. 단지 시련을 온전하게 버텨내고, 다시 일어서서 한 발짝 내딛는 용기가 필요할 뿐이다.

아마 인생의 끝자락에서 삶을 돌아보았을 때 완생의 삶을 살았는지 판단할 수 있을 것 같다. 내가 바라는 완생의 삶은 아이를 육체적 정신적으로 건강하게 자라도록 곁을 지키고 바른 사회구성원의 역할을 하게 하는 것, 나도 육체적 정신적으로 건강하게 살아 아이에게 보탬이 되는 것, 부모님께 효도하고 부모님의 필요를 채울 수 있는 능력, 그리고 제일 중요한 내가 즐거울 수 있는 것들에 도전하고 사는 삶이다. 다 이루지 못하더라도 하나씩 해결해가는 것에 재미를 두고 살아내려고 한다.

불안하고 포기하고 싶고 대충 살고 싶은 생각이 들 수도 있다. 나도 너무 괴로울 때는 대충 살고 싶었다. 아무도 간섭하지 않고 건드리지 않는데, 삶 자체가 힘들었다. 그때 내 옆을 지키는 아이와 가족을 보았다.

만약 포기하고 대충 살아간다면 어떻게 될지 생각해 본 적이 있는가? 우울감에 빠져 허우적거리는 엄마의 모습을 보는 아이는 어떤 생각을 할까? 그런 엄마로 남고 싶은지 한번 잘 생각해보면 좋겠다.

아이는 본인의 의사로 선택한 것이 없다. 부모의 사랑으로 본인의 의지와 관계없이 태어났고, 부모의 이혼에도 아이의 의사는 없었다. 어린아이일 경우 부모 중 누구와 살 것인지도 선택권이 없다. 그런데 이런 아이를 온전히 책임지지 않고 당장 현실이 벅차다는 이유로 대충 살아버리는 것은 너무하다.

첫째는 나를 위해서, 둘째는 아이를 위해서, 셋째는 나와 아이를 지켜주는 가족들을 위해서 버티고 앞으로 나아가면 좋겠다. 나도 가슴속에 니체의 명언 한 구절을 품고 산다.

'나를 죽이지 못하는 시련은 나를 강하게 만들 뿐이다.'

싱글맘이 되어서 생기는 일들은 나를 죽이지 못하고 나를 더욱 강하게 만들어 준다. 힘들어서 주저앉고 싶을 때 버텨내면 한결 더 강해진 나를 만날 수 있다.

삶은 버티는 게 이기는 것이다. 강한 자가 살아남는 게 아니라 살아남는 자가 강한 자다. 나는 강한 자로 누군가를 다 이기며 살기는 어려울 것 같다. 하지만 버텨서 살아남을 수 있을 것이라 믿는다.

삶의 목표를 가지고 앞으로 한 걸음씩 나아가면 좋겠다. 속도는 그리 중요하지 않다. 단지 멈추지 않아야 한다. 비록 지금은 완성되지 못한 삶이지만, 멈추지 않고 나아간다면 결국 뒤돌아볼 때 '아 나도 잘살았다. 완성했다'고 말할 수 있을 것이다. 다시 한번 강조하지만, 우선 지금을 버텨보자. 그리고 반복되며 굴러가는 삶 속에서 안정을 찾아보자. 그다음 앞을 보는 것이다. 숲을 그리고 나무를 그리고 한 걸음씩 나아가면 나와 아이를 다 안을 만큼 삶은 크게 완성되어 있을 것이다.

완벽한 독립은 없다

천진난만하고 엉뚱한 짓을 하는 아이를 보면 나도 모르게 한숨이 내쉬어진다.

'저걸 언제 키워 독립시키지?'

내 마음대로 아이의 독립 시기를 20살로 잡아본다. '20살이면 법적 성인이니 그때는 알아서 살게 두어야겠다. 죽이 되든 밥이 되든 독립시켜보는 거야!' 하고 다짐해본다. 아이쿠! 20살까지 10년이나 남았다. 슬그머니 18살로 독립 시기를 낮추며 얼마 안 남았다는 위안을 가진다.

나는 20살 때부터 혼자 살았다. 대학진학으로 부모님 곁을 떠나 대학기숙사에 들어갔다. 그렇게 혼자 살면서 부딪히고 깨어진 경험들이 지금의 나를 만들어 냈다. 실수도 있었고 눈물도 많았다. 심지어 게임에 빠져 수업에 늦을 때도 있었다. 지금 생각해보면 한심한 일이었지만, 그런 시간이 자기조절능력을 키워주었다. 이런 독립적인 모습을 나는 참 좋아한다.

독립의 사전적인 의미는 '다른 것에 예속하거나 의지하지 아니하는 상태'를 말한다. 20살의 나는 환경적으로 독립되어 있었지만, 경제적으로는 예속되어 있었다. 부모님이 주시는 생활비로 생활했다. 완벽히 독립한 상태가 아니었던 것이다. 단지 물리적 환경의 독립이었다. 취업에 성공하고 첫 월급을 받았던 14년 전에도 완벽히 독립적인 존재는 아니었다. 첫 사회생활을 시작하는 딸을 위해 부모님은 1년치 월세를 내어주셨고, 이사도 도와주셨다.

아빠는 결혼식 날 사위 손에 내 손을 넘겨줄 때, 이제는 정말 소영이가 독립해서 사위가 울타리가 되어줄 거라 생각하셨다 한다. 드디어 당신의 책임도 다했다고 말이다. 이제는 부모로부터 완벽히 독립해서 더 도울 일이 없겠다 했더니 손자가 태어났다. 손자는 태어나자마자 예민했고, 밤낮을 가리지 않고 울었다. 누군가는 아이를 안고 계속 흔들어주어야 간신히 잠을 잤다. 산후우울증에 걸린 나는 친정 부모님 댁에서 두 달을 살았다. 엄마는 퇴근하시면 아이를 어르고 달랬고, 눈물 흘리며 유축을 하고 있는 나에게 기분전환을 하라며 밖으로 내보내셨다.

50일이 지난 아이와 신혼집으로 돌아간 딸을 보고 이제는 부모로서 할 일을 다 했다 싶으셨을 텐데, 그 평화는 2년을 가지 못했다. 다시 돌아오고야 만 것이다. 혼자된 딸을 보면서 아빠는 다시 '내가 소영이의 울타리가 되어야겠다'고 생각하셨다고 한다.

내 밥벌이는 알아서 하는 거고, 부모님은 이제 손자가 초등학교 들어가면 괜찮겠지, 중학교에 들어가면 괜찮겠지, 걱정하신다. 딸로만 끝나지 않고 손자까지 이어지는 무한 굴레다. 20살 성인이 되면 이제는 손이 덜 가겠지, 자기 손으로 밥벌이를 하면 걱정 없겠지, 결혼하면 걱정 없겠지, 아이를 낳으면 걱정 없겠지 하며 지나왔던 시간들이 지금까지 이어졌다.

스스로 독립적인 존재라고 이야기하는 나는 지금도 완벽히 독립하지 못하고 부모님께 심리적으로 의지하고 있다. 스스로 해결하는 것을 좋아해서 실패하더라도 직접 해봐야 직성이 풀리고, 해결 방법을 찾아가는 것을 즐기는 나. 주변에서 독립적인 성격이라고 평가받는 나는 40살이 다 되어서도 아기캥거루처럼 부모님의 보호 아래 매달려있는 것이다.

내가 그랬던 것처럼, 아이 역시 완벽한 독립은 없을 것이다. 아이가 물리적인 거리를 두고 경제생활을 시작하더라도, 계속 걱정을 하지 않을까? 40살이 다 되어도 아직 부모님께는 아이다. 아이가 20살이 되어 성인이라도 아이일 것이고, 장성해 가정을 꾸리더라도 아이일 것이다. 평생 홀가분한 독립은 없다. 정말 아이가 완벽하게 독립해서 한 가구를 이루면 외로울 것 같기도 하다. 완벽하게 독립한 아이는 엄마를 필요로 하지 않아 최소한의 연락만 하면 어쩌나. 벌써부터 빈둥지 증후군이 걱정되기도 한다.

같은 아파트 다른 동에 살고 있는 엄마는 운동 삼아 우리 집을 오가

실 때가 있다. 한 번씩 직장 이슈나 아이가 아프거나, 아니면 부탁드릴 일이 있어서 엄마에게 전화를 건다. 전화를 걸어 "엄마~" 하고 이야기하면 흔쾌히 부탁을 들어주신다. 엄마는 "엄마~" 하고 전화 통화를 시작하는 나의 목소리만 들어도 기쁘다고 하신다. 딸이 혼자되고 옆에서 도움을 받으며 살아야 하니 엄마도 귀찮지 않냐고 노후에 좋은 것만 해도 부족할 텐데, 딸이 혼자 돼서 번거롭겠다고 이야기한 적이 있다. 엄마는 딸이 이혼한 것도 아쉽고 혹여나 부모가 세상을 먼저 떠나고 나면 혼자 외롭지 않을까 걱정도 되지만, 옆에 있어서 자주 보고 도와줄 수 있어서 너무 좋다고 하셨다.

우리 부모님은 모성애와 부성애가 강하신 분이라 그런 건지 모르겠다. 최소한 엄마 아빠는 내가 가까이 살고 도움을 줄 수 있는 것에 만족하신다. 딸 집에 딸이랑 손주만 사니 도어락 비번을 삑삑 찍고 들어와도 뭐라고 할 사람이 없고, 우리 식구만 가까이 사니 눈치 볼 것 없이 편하다고 하신다. 연말정산을 할 때나 종합소득세를 낼 때도 나이 든 엄마 아빠 두 분이서는 혹시나 사기당할까 무섭지만, 자식들 가까이 살아서 대신 일 처리를 해주니 든든하다고 하신다.

돌아왔든 어쨌든 경제적으로 자립했고, 육아든 살림이든 일이든 스스로 처리하고 필요시 부모님의 도움을 받을 수 있는 지금의 삶이 모두가 만족스럽다. 물론 결혼해서 잘살고 있었으면 더 좋았겠지만 말이다.

이혼을 하고 싱글맘으로 독립한다, 자립한다, 지금까지 외치고 살지만, 결국 완벽한 독립은 없었다. 경제적이든, 시간적이든, 정서적이든 그 무언가를 의지하고 마는 것이다. 그 대상이 부모님이 될 수도 있고, 친구가 될 수도 있고, 연인이 될 수도 있다.

사람 '인(人)'이라는 한자도 서로 의지하여 기대있는 모습을 본떠 만든 글자다. 사람인 이상 누군가에게 의지할 수밖에 없는 것 같다. '혼자 가는 길은 빨리 가고, 같이 가는 길은 멀리 간다'는 말도 있지 않은가. 우리가 가야 할 길이 참 멀다. 100세까지 살아간다고 하니 나는 60년이나 더 남았다. 60년을 혼자 아무에게도 기대지 않고 살아간다고 생각하면, 참 외롭고 힘들 것 같다.

이혼 후 싱글맘이 되었으니 파이팅 넘치게 세상 모든 존재로부터 독립하여 살아가야 하는 것은 아니다. 꼭 독립하고야 말겠다고 과도하게 들어간 힘을 빼어보자. 사람은 누군가에게 의지하고 살아가는 존재인 것을 인정하고, 나 역시 의지가 되는 사람으로 살면 된다. 서로 돕고 사는 사람들을 보면 저절로 미소가 지어지지 않나? 그렇게 살면 된다. 물론 지나치게 의지하는 것 말고 균형이 필요하다. 너와 나의 적당한 거리가 있어야 건강한 관계로 오래 지낼 수 있기 때문이다.

누구의 도움도 필요 없고 혼자 독립해서 살겠다가 아니라, 싱글맘으로 자립해서 살아가면 된다. 약간의 도움을 받더라도 스스로 경제생활을 해서 아이와 둘이 생활하고, 한 가정을 이루는 것이다. 이 험한 세상에서 여자 혼자 아이를 데리고 열심히 일하고 아이를 돌보며 살아가는 것만으로도 충분히 훌륭하고 칭찬받을 만하다. 이미 그렇게 살고 있다면 스스로를 칭찬해주자.

지금 나는 누가 봐도 꽤 괜찮은 싱글맘으로 살아가고 있다. 주 2회 꾸준하게 운동하고, 안정적인 직장생활을 하며 약간의 경제적 불안감은 재테크 공부를 통해 해결하고 있다. 가족들과 서로 돕고 도움을 받는 건강한 관계를 맺고 있으며, 필요시 적당한 사회생활도 한다. 처음부터 그랬던 것은 아니다. 눈물을 쏟고 은둔형 외톨이처럼 집 밖에 나오지 않는 순간도 있었고, 사회로부터 나를 감추는 시기도 길었다. 땀 흘리는 것을 싫어해 숨쉬기밖에 하지 않은 세월만 해도 30년이다.

하지만 이제는 싱글맘이니까, 아이를 온전히 책임져야 하니까, 잘 사는 모습을 보여주고 싶어서 하나둘씩 노력한 삶이 꽤 괜찮다고 평가받는 삶으로 바뀌었다. 나만 노력해서 바뀐 것이 아니라 주변에서 많이 도와주었다. 힘들 때 정서적으로 바로 설 수 있게 도움을 받았고, 아이가 바르게 클 수 있게 환경적인 도움도 받았다. 지금은 대부분의 일상을 혼자 해결하며, 100개 중 한두 번의 지원만으로도 충분히 애씀 없는 육아와 일을 하고 있다.

완벽은 아니지만 자유로운 나

육아할 때 엄마에게 가장 간절한 것이 무엇일까? 나는 자유시간이라고 생각한다. 홀로 육아를 하는 힘듦을 독박육아라는 말로 표현하고, 아이를 두고 혼자 누리는 시간을 자유부인이라는 단어로 이야기하는 만큼, 엄마에게 육아로부터의 자유는 절실하다. 매번 자유를 누릴 수는 없더라도 가끔 콧바람도 쐬고 산책도 나가고 자유부인인 시간에는 뭘 해도 즐겁다. 계속 자유롭게 혼자 지내라고 하면 외로움에 몸부림칠 수도 있다. 잠깐 허락되는 자유시간이라 더 꿀 같고 소중한 시간일 것이다.

개인적인 성향이 강한 나는 한 번씩 '내가 혼자였으면 정말 훨훨 날아갔을 텐데' 하는 생각을 하고는 한다. 아이 엄마가 그러면 되냐는 질책을 받을지는 모르겠지만, 정말 그랬다. 하고 싶은 것들이 너무 많고, 그걸 한다면 어떤 결과를 일으킬지도 잘 알고 있었다. 아이가 없었다면 하기 싫은 직장도 그만 다니고, 하고 싶은 것을 찾아 홀쩍 떠났을 것 같다.

이런 이야기를 하면 엄마는 이렇게 말씀하신다.

"참 소영이 네가 철이 없다. 이리 귀한 아이를 두고 무슨 혼자 다니는 게 좋냐? 네 인생에서 제일 잘한 것이 도운이 낳은 거야."

내 성향을 잘 아는 엄마가 세뇌시키는 걸 수도 있다. 계속 귀하다 소중하다 이야기해서 아이에게 더 신경을 쓰고 잘하라는 뜻으로 말이다. 나는 아이에게도 이야기한다.

"도운아, 엄마는 정말 하고 싶은 게 많은 사람이야. 엄마는 지금 일 말고 다른 일을 하고 싶은데, 도운이랑 엄마랑 같이 맛있는 것도 먹고 도운이가 배우고 싶은 것도 다 배워주고 싶어서 그만둘 수가 없더라. 그러니까 배우고 싶다고 이야기하는 건 엄마가 다 도와줄 테니 대신, 도운이는 최선을 다해서 배우고, 배우기 싫을 때는 바로 이야기해야 해. 엄마는 도운이를 이 세상에 바르게 키울 의무가 있으니까, 도운이가 바르고 즐겁게 커갈 수 있도록 꼭 도와줄 거야."

그래서인지 아이는 부모가 되어 아이를 키우는 것이 막중한 무게를 가진다는 것을 벌써 아는 눈치다. 한번은 뜬금없이 아이가 말했다.

"엄마, 나는 결혼 안 하려고."

"왜?"

"결혼하면 엄마랑 떨어져 살아야 하고, 아이를 낳으면 내가 하고 싶은 것보다 아이를 우선으로 생각해야 하잖아. 나는 하고 싶은 게 정말 많은데."

"도운아, 물론 그런 점도 있어. 그런데 엄마는 도운이가 있어서 너무 좋고, 너는 엄마의 걸작품이야. 엄마 인생에서 가장 큰 보물이야. 아이가 주는 즐거움과 기쁨은 또 달라."

"그래도 난 결혼 안 하려고."

"그래, 하기만 해봐라! 지금 네 말 녹음해두고 결혼한다고 아가씨 데리고 오면 엄마가 실컷 놀려 줄 테다."

아이에게 말하지 않더라도 엄마가 혼자서 자기를 키우는 것은 쉽지 않은 일인 것을 알고 있었다. 아이의 일정과 필요를 우선시하고 엄마의 삶을 양보한다는 것을 아이는 은연중에 깨닫지 않았을까? 아직 초등학교 저학년인 아이도 알고 있는데, 좀 더 생각이 성숙한 여자아이들은 엄마 마음에 더 공감하고 있을 것이다. 아직 엄마로서 내공이 덜 쌓여서인지 아이가 수고로움을 알아주니 고마웠다.

싱글맘으로 사는 것은 독박육아의 연속이라, 언제나 아이를 떼어 놓고 살 수 없는 삶이다. 비록 보조양육자로 가족들이 주말마다 도와주고, 일하고 있을 때 아이에게 이슈가 터지면 당장 반응할 수 있지만, 언제나 메인은 나였다. 내가 최선을 다해 아이의 일을 혼자 케어하려고 노력한 뒤, 형편상 혼자 하지 못하는 부분은 가족들이 도와주었다. 어디까지나 엄마가 양육의 주가 되어야 한다고 생각해서다.

그런 마음가짐을 가지고 개인 시간을 확보하기 위해 많은 노력을 했다. 주로 부모님과 협의된 시간에 아이가 할머니 집을 방문하여 자고 오기도 하고, 올케어가 가능한 프리미엄 수영장이나 축구교실 등을 보내 주말에 2시간가량 개인 시간을 확보하기도 했다.

아이가 커갈수록 더 다니는 학원은 많아질 테고, 엄마의 자유는 더 늘어나지 않을까 상상해본다.

물론 완벽하지 않다. 완벽할 수가 없다. 양부모 가정이 아니라 한부모 가정의 한계가 존재한다. 하지만 그 안에서 충분히 자유롭다. 충분히 혼자 있는 시간을 확보하고 산다. 집에서 아이는 10시 이후 무조건 잠자리에 든다. 최대한 10시에는 잠드는 것을 목표로 하지만, 자고 싶지 않을 경우 아이는 자신의 방에 들어가서 문을 닫고 조용히 책을 보는 것으로 엄마의 시간을 지켜주기로 약속했다. 물론 책을 보는 게 아니라 유튜브를 보다가 들켜서 혼날 때도 있지만 말이다.

아침에 조용히 있고 싶은 나와 아침에 일찍 일어나는 아이의 패턴 차이는 주말 아침 8시 이전에 엄마의 방에 들어오지 않고 혼자 노는 것으로 약속했다. 만일 다치거나 큰일이 생긴다면 약속과 관계없이 이야기해야 한다고 알려주었다. 그래서 저녁 10시 이후의 시간은 온전히 내 시간으로 사용할 수 있었다. 하지 못했던 공부를 하기도 하고, 쓰고 싶었던 글을 쓰기도 한다. 맥주 한 캔과 함께 드라마를 시청할 때도 있다. 주말 아침도 마찬가지다. 주중에 쌓인 피로를 좀 더 여유 있게 풀어낸다.

이제 아이도 엄마의 패턴을 이해한다. 이렇게 아이와 일정을 조율하면서 자유를 얻을 수 있었다. 자유시간을 갖는다 해도 완벽한 자유시간은 아니다. 아이의 행동에 늘 촉을 세우고 있다. 촉을 세우더라도 내가 좋아하는 일을 하는 것과 축을 세우며 내 일을 하지 못하고 아이 옆에 계속 붙어있는 것은 전적으로 다르다.

가장 중요한 시간적인 자유를 확보했고, 금전적인 여유도 하나씩 확보해가고 있다. 그래서 싱글맘이지만 어깨가 무겁지만은 않다. 아마 아이에게 모든 것을 맞추고 아이만 바라보고 지내 온 시간이라면 엄청 스트레스를 받았을 것이다. 아이를 위해 삶을 희생한다고 생각했을 것이고, 나도 모르게 아이에게 희생에 대한 대가를 요구하고 있을지도 모른다. 원하지도 않았는데 내 옆을 따라다니며 간섭하고, 원하지 않은 방법으로 삶을 송두리째 나에게 올인한 엄마. 그리고 엄마 인생을 올인한 만큼 내가 엄마에게 보상해주기를 기대한다고 생각해보자. 그럼 어떨 것 같은가? 과연 그런 인생을 아이가 원할까? 나는 아니라고 확신한다.

우리 엄마는 엄마의 인생을 나와 동생에게 올인하셨다. 엄마의 행동을 아빠가 브레이크 걸기도 했지만, 학창 시절 엄마의 희생에 숨이 막혔다. 엄마의 인생을 희생하면서까지 투자해주길 원한 것이 아니었는데, 엄마는 나와 동생을 키우는 데 올인했고, 그만큼 기대도 컸다. 막상 내가 엄마가 되어보니 그것이 얼마나 힘들고 어려운 일인지 이해할 수 있어 엄마에게 감사한 마음이 크지만, 지금도 나는 이렇게 이야기하고 싶다.

"엄마, 나는 내 인생을 알아서 잘 살 수 있으니까, 엄마도 엄마를 제일 소중하게 생각하면 좋겠어. 엄마도 엄마가 좋아하는 일을 하고,

좋아하는 것들 보고, 엄마 인생을 즐겁게 살아."

사는 게 모두 그렇지만 균형이 중요하다. 싱글맘의 삶은 혼자 모든 것을 해야 하는 만큼 더 균형이 필요하다. '나만 생각하는 게 아닌가? 아이만 바라보아야 하는 거 아닌가?' 하는 생각이 들 때가 분명 있을 것이다. 그때 나도 내 인생을 살고 자유를 누리는 시간이 꼭 필요하다는 것을 잊지 않으면 좋겠다. 아이를 무사히 사회구성원으로 자라게 지키고 나면 아이는 아이고 나는 나일 뿐, 서로 별개의 독립된 존재가 된다. 그러니 그사이에 꼭 나만의 시간을 찾아 자유로움도 느낄 수 있으면 좋겠다.

싱글맘의 삶에 정답은 없다. 하지만 순간순간 문제에 부딪칠 때마다 하나씩 해결해나갔고, 한 부모 가정의 가장이라는 이유로 패널티는 없다고 생각하려 했다. 차츰 나와 아이는 무질서 속의 질서를 찾았다.

아이에게 요즘 생활이 어떠냐고 물으면 즐겁고 재밌다고 이야기한다. 나에게 요즘 생활이 어떠냐고 물으면 나 역시 즐겁고 재미있다고 답할 수 있다. 아이에게는 아빠 자리가, 나에게는 남편 자리가 비어있지만, 우리는 우리끼리 또 무언가를 이루어가고 있고 얽매이지 않는 자유가 있다. 아이가 커갈수록 더 자유로울 수 있을 것이다. 올해 여름휴가는 아이의 소망대로 둘이서 훌쩍 해외여행에 도전했다. 참 자유로운 삶이다.

나는 백마 탄 싱글맘입니다

　비련의 여주인공처럼 슬픔에 쓰러져있을 때 짠하고 나타나 "애기야 가자~"를 외치거나, 영화 「귀여운 여인Pretty Woman」의 한 장면처럼 가지고 싶었던 것들을 선물 받는 상상을 해본 적이 있다. 특히 우리나라 드라마 속 남자배우들은 어찌나 잘생겼던지 눈이 절로 높아진다. 우스갯소리로 우리나라 드라마가 결혼 비율을 낮추는 데 일조한다는 말도 있다. 결혼 적령기의 여자들이 드라마 속 남자주인공같이 고연봉, 고능력, 고스펙, 잘생긴 백마 탄 남자들만 찾는다는 논란이 있기도 했다. 나도 똑같은 대한민국 흔한 여자인지라 백마 탄 왕자님을 찾았고, 백마 탄 남자였던 그는 다른 사람에게로 백마를 타고 떠나갔다.

　백마 탄 왕자 이야기의 대부분은 여주인공의 삶에 시련과 비련이 있고, 어딘가에서 착취당하거나 부당한 대접을 받고 산다. 여주인공의 사정은 생활고에 찌들어있고, 간신히 버티며 살아가는 것이다. 반면 남주인공은 돈이 많고 잘생긴 능력자다. 사랑에 물불 가리지 않는다. 여주인공을 만나 사랑에 빠지면, 본인의 인적 물적 자원을 총동원하여 여주인공을 행복하게 해준다.

정말 세상에 백마 탄 왕자가 존재할까? 보잘것없는 나를 물심양면 대가 없이 사랑해 줄 사람이 있을까? 안타깝지만 대부분의 경우 그렇지 않다. 주로 끼리끼리 만나게 되는 것이다. 시간이 지날수록 그런 사회적 현상은 더 두드러진다. 어린아이들도 내가 하나 주면 너도 하나 줘야지 하는 세상을 살고 있는데, 다 큰 어른들의 삶에서는 더 그렇다. 세상에는 상상하지 못할 일들이 일어나기도 하니, 백마 탄 왕자가 없다는 소리는 못 하겠다.

설사 그런 사람을 만났다 하더라도 그 사람이 나만 바라보고 나만 사랑한다는 보장이 어디에 있는가? 그 정도의 능력자라면 나 말고도 좋다고 매달릴 여자들이 많다. 당장 연애프로그램 「나는 솔로」만 보더라도, 능력 있고 괜찮은 백마 탄 왕자 같은 남자들이 몰표를 받는 것은 시즌마다 볼 수 있는 장면이다.

백마 탄 왕자는 나를 소중하게 여기지 않을지도 모른다. 자기를 원하는 여자가 많기 때문에, 내가 아니더라도 다른 사람 만나면 되지 하고 생각할 확률이 크다. 그리고 백마 탄 왕자가 설사 나를 선택했다고 하더라도 금전적인 추가 기울어질 경우, 관계의 추도 기울어질 거라는 것을 알아야 한다. 세상을 살아가는 데 대가가 없는 공짜가 있던가? 무엇으로든 대가를 치르게 되어있다. 하다못해 마음의 짐이라도 더 지게 되는 것이다.

시댁으로부터 물질적인 지원을 많이 받았던 결혼생활은 늘 거미줄에 걸린 하루살이 같았다. 부당하다고 생각되는 것들도 누리고 있는 것이 있기에 말할 수 없었다. 너무 부당해서 말하는 순간에는 "좀 참자. 그래도 이만큼 받았잖아"라고 이야기하는 전남편의 말에 꿀 먹은 것처럼 입을 다물고 말았다. 공짜로 받았기에, 그걸 누리고 있기에 나 역시 다른 방법으로 대가를 치렀다. 백마 탄 왕자를 만났지만 결국 이혼을 선택했다. 상간녀소송을 하고 이혼 조정을 거치면서 그는 이런 말을 했다.

"내가 벌어온 돈으로 이렇게 변호사 선임했어?!"

아마 그는 본인의 것을 베풀고 있다고 생각했던 것 같다.

전남편이 가진 것들로 누리는 것은 내 것이 아니었다. 이혼과 동시에 거품처럼 사라지는 것이었다. 그가 가진 것들은 어디까지 그의 것이었고, 결혼생활을 유지하는 순간만 공유할 수 있는 한시적인 것임을 알았다. 살고 있던 신축 신혼집도, 편하게 타던 고급 SUV도, 통장에 꽂히던 돈도 내 것이 아니었다. 신기루 같았다. 이렇게 누군가에 의지하여, 누군가의 물질에 기대어 사는 것은 영원하지 않구나, 허상이구나. 진정한 내 것은 없구나 하는 것을 이혼을 통해 더 깊이 깨달았다.

더 이상 백마 탄 왕자를 기다리지 않는다. 설사 백마 탄 왕자가 있다 해도 나 역시 백마 탄 왕자 정도의 위치가 아니라면 종속적인 관계로 지낼 수밖에 없음을 이제는 안다. 그래서 백마 탄 싱글맘이 되기로 했다.

백마 탄 싱글맘은 어떤 존재일까? 어느 정도를 가지고 있어야 백마 탄 싱글맘이 될 수 있을까? 사람마다 기준이 다 다를 것이다. 다시 결혼하고 싶은 상대를 만났을 때, 그 사람의 경제력이 0이라도 다 감당할 수 있는 능력을 백마 탄 싱글맘의 기준으로 잡았다. 같이 살 집을 어떻게 구할지 고민하지 않고, 혹여나 일에 지쳐 상대방이 그만두고 싶어 할 때 내가 벌어오면 된다고 쉽게 해줄 수 있는 것이 나만의 기준이다. 스스로 절대적인 경제적 자립을 하고 상대방도 책임져 줄 수 있는 상태 말이다. 내가 백마 탄 싱글맘인데 신데렐라 같은 남자를 만나서 온전히 퍼붓겠다는 뜻은 아니다. 설사 그렇다고 할지라도 능력이 있어 끝까지 행복하게 살았다고 해피엔딩을 맺을 수 있는 수준으로 끌어올리겠다는 다짐에 가깝다.

이혼했지만 점점 더 괜찮은 사람이 된 나, 누군가에게 기대지 않고 당당하게 자립하는 나, 경제적인 어려움에 쫓겨 누군가에게 다시 의지하고 그 사람에게 은근슬쩍 요구하는 게 아니라 나 혼자 충분히 설 수 있는 나, 서는 것을 넘어 상대방을 도울 수 있는 나로 살고 싶다. 또 그렇게 살아가려 한다. 내가 더 좋은 사람이 되었을 때, 더 좋은 상대를 만날 수 있는 변하지 않는 법칙이 있으니까. 바닥에 있지만 저 높은 곳에 있는 사람이 선택해주길 꿈꾸며 기다리는 불공정거래가 아니라, 나 역시 높은 곳으로 올라가 비슷한 사람을 만나고 싶다.

어릴 때는 사람을 보는 눈이 없고 우연히 운 좋게 결혼을 잘해서 인생을 한번 바꿔 볼 수 있을지 모른다. 하지만 나이가 들고 겪어가는 사람이 많아질수록 그런 만남은 불가능에 가깝다는 것을 깨닫는다. 그러니 지금 나부터 괜찮은 사람이 되려 한다. 느리더라도 천천히 올바른 방향으로 스스로를 세우고 있다. 꼭 이성을 만나기 위해서가 아니라 나 자체만으로 괜찮은 사람이 되기 위해서 말이다.

가장 좋아하는 배우 한 명을 꼽자면 윤여정 씨다. 윤여정 씨가 걸어온 시간들을 존경한다. 엄마와도 같은 나이인 그녀가 이혼한 시기에는 이혼에 대한 인식이 더 좋지 않았을 것이다. 하지만 그녀는 아이를 잘 키우기 위해 부당한 대우에도 꿋꿋하게 힘을 냈고, 아들 둘을 잘 키워냈다. 결혼과 이혼, 그리고 쌓아온 커리어를 통찰한 말들은 한마디 한마디가 명언이다. 지금 세대에도 멋진 패션을 자랑하고, 여전히 활발하게 활동하며 배우기를 등한시하지 않는다. 윤여정 씨는 나에게 가장 멋진 백마 탄 싱글맘이고 멘토이다. 그녀는 한 인터뷰에서 이렇게 말했다.

"(내가 이혼했던) 당시만 해도 이혼은 주홍 글씨 같았고 '고집 센 여자'라는 인식이 있었다. (이혼녀는) 남편에게 순종하고 결혼 약속을 지켜야 한다는 것을 어긴 사람이었기 때문에, 나는 텔레비전에 나오거나 일자리를 얻을 기회도 없었다. 끔찍한 시간이었다. 두 아들을 먹여 살리기 위해 어떤 역할이라도 맡으려 노력했고, 과거 한때 스타였을 때의 자존심 따위는 신경 쓰지 않았다. 그때부터 아주 성숙한 사람이 된 것 같다."

또한 tvN의 「택시」라는 프로그램에서는 이렇게 이야기했다.

"롤모델이 왜 필요해? 나는 나같이 살면 된다. 나이가 들수록 삶의 지혜가 생기고 실수가 잦아들지만, 여전히 처음 살아보는 오늘이니 완벽하지 않아도 그럴 수 있다."

완벽한 왕자를 만나기를 기대하기보다 부족하더라도 나 자신이 그런 존재가 되고 싶다. 남에게 기대어서 누리는 삶보다 스스로 그런 존재가 되어 내 힘으로 원하는 것들을 하나씩 누리는 삶이 더 즐겁고 의미가 있다. 싱글맘으로 완벽하게 독립할 수 없고, 백마 탄 싱글맘으로 가는 삶은 허들이 높을 것이다. 하지만 한번 사는 인생 아닌가? 골이 깊으면 산이 높다. 이혼의 골이 깊었던 만큼 성공으로 가는 길도 높을 것이다.

여전히 당당한 자립을 꿈꿉니다

완벽한 독립을 하지 못한 나와 아이는 여전히 할세권에 산다. 엄마가 근처에 살고 계시니 식사나 반찬 걱정도 없다. 아이에게 이슈가 생겼을 때 엄마가 출동해 주시기도 한다. 결혼생활에 비하면 얼마나 편리한 삶인지 모른다. 결혼 후 느꼈던 첫 충격은 삶의 질이 바닥까지 떨어졌다는 것이었다. 반면에 이혼 후 좋았던 것은 삶의 질이 수직상승 했다는 점이다.

평생 지금처럼 살고 싶다. 퇴근길에 저녁 메뉴를 걱정하는 것이 아니라, 엄마의 손맛이 깃든 맛있는 반찬을 먹고 싶다. 아이가 아프거나 학교에 일이 생겼을 때 엄마가 나를 대신해서 보호자로 나서주는 삶을 누리고 싶다. 가능하다면 평생 엄마의 도움을 받으며 아이를 키우고 싶다.

영원하다면 좋겠지만, 그럴 수 없다는 것을 알고 있다. 환갑을 갓 넘긴 엄마는 희귀질환자라 더 이상 짐을 얹어드리고 싶지 않다. 부모님이 나이가 드시고 몸이 아파 내 도움이 필요할 시기를 상상해보기도 한다. 그럴 때면 마음이 쿵 하고 내려앉는다. 전속력으로 달려가다 갑자기 길을 잃어버린 것 같다. 하지만 중간에서 멈춰 설 수도 돌아갈 수도 없다.

엄마는 아프시고 나서 자식들의 삶에 대한 걱정을 많이 하신다. 혼자 잘사는 나에게 재혼하라며 종용하기도 하고, 아직 미혼인 동생에게도 빨리 선을 보면 좋겠다고 이야기하신다. 엄마는 엄마가 떠난 후를 생각하고 있으신 것 같다.

나 역시 영원할 수 없는 지금을 누리며 혼자 자립할 준비를 하고 있다. 아이가 점점 커갈수록 자립에 대한 대비는 더욱더 잘해 갈 것이다. 가장 큰 경제적인 자립은 이미 하고 있고, 가사일이나 육아에 대한 부모님의 참여도를 낮추어야 하는 것을 안다. 하지만 지금 시간이 너무 소중해서, 엄마에게도 소중한 시간임을 알아서 철없이 엄마 집에 가면 소파에 드러눕고 응석을 부려본다.

아이가 커가고 보호자 없이 씩씩하게 혼자 병원을 갈 수 있고, 스스로 원하는 학원도 고를 수 있고, 보살핌 없이 학교에 잘 갈 수 있는 시기, 주말이면 가족이 아니라 친구들과 많은 시간을 보내고 싶어 하는 시기가 오면 자립에 가까워질 것이다. 언젠가 엄마의 거동이 불편해지는 때가 오면 엄마로부터 반찬과 식사도 온전히 자립하여 나와 아이의 식사는 물론, 우리 집으로 엄마와 아빠를 초대해 식사를 준비해야겠다고 생각한다.

심리적인 자립은 영원히 준비하고 싶지 않다. 힘들고 슬플 때 부모님과 감정을 공유하고 싶다. 하지만 이 역시도 준비해야 함을 안다. 그게 진정한 어른이 되는 과정이 아닐까? 하고 싶지 않지만, 꼭 해야 하는 삶 말이다. 40을 앞둔 나는 아직도 엄마 아빠의 울타리와 보호 아래 있고 싶지만, 그게 영원하지 않음을 알기 때문에 오늘도 자립을 꿈꾸고 준비한다. 이왕 자립하는 것 당당하고 멋지게 자립하고 싶다. 내 모습을 보고 부모님이 걱정하시지 않게 하고 싶다.

자립하기 위해서 뭐가 가장 필요할까 생각해보면 역시나 돈이다. 슬픈 이야기지만, 돈이 넉넉하다면 해결할 수 있는 것이 참으로 많다. 정확하게 말하면 선택지가 많아진다. 당장 자립에 필요한 가사 일은 가사도우미제도를 이용할 수 있고, 반찬을 사 먹을 수도 있다. 아이의 육아 지원이 필요한 경우도 육아도우미제도를 이용할 수 있게 된다. 돈이 넉넉하지 않아 생활비로 다 소모된다면, 이러든 저러든 혼자 이고 지고 가야 한다. 장기와 단기 목표를 가지고 계획을 세운 후 멀리 보며 노력하고 있다. 혹여나 퇴사를 종용받게 되는 상황에 제2의 직업으로 무엇을 가지면 좋을지 구체적인 계획도 하고 준비하고 있다. 내가 그린 로드맵을 달성할 때까지 계속 소비에 대한 절제와 재테크 공부를 이어갈 생각이다.

돈 다음은 체력이다. 꾸준하게 운동하고 체력이 좋아야 같은 시간대에 많은 것을 할 수 있다. 일, 가사, 육아를 할 수 있는 힘은 체력에서 나온다. 체력이 없으면 의지도 없어진다. 체력이 좋아야 일도 잘해 낼 수 있다. 그래서 운동하는 것을 무척이나 싫어하지만, 주 2회 운동은 무조건 실천한다.

싱글맘 가정에서 가장인 내가 아프면 자립은커녕 부모님께 매달려 부모님의 노후 역시 엉망으로 만들 것이다. 필요하다면 시기별로 보약을 먹거나 홍삼을 먹거나 건강식품 등도 챙겨 먹는다. 특히 염증성질환에 잘 시달리는 나는 디마노스와 리포조말비타민C는 꼭 복용한다. 그리고 주기적인 건강검진을 통해 건강 상태를 체크하고 있다.

당당한 자립을 꿈꾼다고 말하지만, 내가 하는 자립은 눈물 젖은 자립이 아닐까 생각해본다. 누구에게나 부모님으로부터 완벽하게 독립해야 하는 자립은 두렵고 슬프다. 모든 부분에서 부모님께 의지하는 것 하나 없이 정말 나 혼자 설 수밖에 없는 자립이다. 엄마가 아프지 않으시다면 이 정도의 완벽한 자립을 생각하지는 않았을 것이다. 나에게 조금 빨리 준비해야 하는 시기가 왔을 뿐, 언젠가 모두에게 공평하게 100% 자립 시기가 온다. 물론 이미 그 시간을 거쳐 완전한 자립을 이루고 있는 사람도 있을 것이다.

내가 말하는 자립이 정답은 아니다. 자립의 기준은 사람마다 다 다르고, 자립을 준비하는 방법도 다르다. 자립은 피한다고 피할 수 있는 것이 아니니 결국은 자신만의 자립을 준비해야 한다. 누군가의 도움을 받고 있을 시기에 천천히 자신만의 기준과 자립에 필요한 준비를 해야 한다.

10년 전 할머니가 돌아가셨을 때 아빠는 "이제 하늘 아래 부모가 없는 고아가 됐다"고 엉엉 우셨다. '50대 중반인 아빠도 부모님이 돌아가시니 큰 울타리가 없어졌다고 느끼시는구나' 마음이 아프기도 하고 신기하기도 했다. 할머니가 돌아가신 후 아빠는 많이 힘들어하셨다. 나이가 들어도 부모에게 심리적인 의지를 하고 사신 것이다. 비록 삶이 바빠 교류가 잦지 않고 독립적인 한 가정을 꾸려나가더라도 말이다.

나는 10년 전 할머니가 돌아가셨을 때 아빠의 모습을 자주 떠올린다. 부모님께 부담감을 덜어드리기 위해서라도 부모님으로부터 온전히 자립해야겠구나 하고 다짐한다. 그리고 함께할 수 있는 시간이 허락되는 한 부모님께 내 마음을 온전하게 전해드리려 한다. 어린 시절부터 나를 키우고 지금까지도 나를 키워 세상에 자립하는 데 도움을 주시는 부모님께 사랑한다고 감사하다고 꼭 껴안아 드리고 싶다. 부모님의 시간이 다하기 전 당당한 자립을 보여드리고 싶다. 그 일을 내가 꼭 해낼 수 있으리라고 믿는다.